Karlheinz Weißmann

Nation

Dr. Karlheinz Weißmann, Jahrgang 1959, studierte Evangelische Theologie und Geschichte und lehrt an einem niedersächsischen Gymnasium. Er promovierte 1989 über die Entwicklung der politischen Symbolik der deutschen Rechten. Weißmann gehörte zu den Gründern des Instituts für Staatspolitik und der Zeitschrift *Sezession*. Im Verlag Antaios war er Autor der ersten Stunde. Dort sind folgende seiner Bücher noch lieferbar: *Das konservative Minimum* (2007), *Post-Demokratie* (2009), *Faschismus. Eine Klarstellung* (2009). Heute schreibt Weißmann für die Zeitung *Junge Freiheit* und das Magazin *Cato*.

Karlheinz Weißmann

Nation

Eine Begründung

Verlag Antaios

Impressum

Bibliographische Informationen
der Deutschen Nationalbibliothek,
abrufbar unter http://dnb.ddb.de

Buchgestaltung und Satz: impulsar-werkstatt.de

Karlheinz Weißmann: Nation. Eine Begründung
232 Seiten, Neuauflage, Schnellroda 2020

www.antaios.de

ISBN: 978-3-944422-75-6

Gedruckt in Deutschland

Inhalt

Vorwort zur Neuausgabe

Karlheinz Weißmanns Buch *Nation?* trägt in der hier vorliegenden Neuausgabe keinen fragenden Titel mehr, sondern einen bestimmten: *Nation. Eine Begründung.* Der Text stammt aus der frühesten Phase des Verlags Antaios, der im Jahre 2000 ein zugleich notwendiger und gewagter Beginn eines strategisch angelegten, metapolitischen Projekts war. Verlag (Antaios), Bildungseinrichtung (Institut für Staatspolitik) und – drei Jahre später – Zeitschrift *(Sezession)* sollten drei Plattformen für ganz unterschiedliche Äußerungsformen bilden. Daß dieses Vorhaben gelang, lag auch an der kontinuierlichen Mitarbeit Weißmanns als Autor.

Die Systematik der Arbeit zeigte sich im Verlag dadurch, daß von vornherein Reihen entwickelt werden sollten – ein Grundsatz, der heute, zwanzig Jahre später, nach wie vor die Programmgestaltung prägt. *Nation?* erschien im Jahre 2001 in der »Reihe Themen«, blieb aber leider der einzige Band dieses ambitionierten Vorhabens: Verträge mit anderen Autoren über *Krieg?* und *Politische Romantik?* waren unterzeichnet, wurden aber nicht erfüllt.

Nun erscheint Weißmanns Band in einer der sehr erfolgreichen Reihen das Verlags neu, und zwar in derselben Gestaltung wie *Mit Linken leben, Solidarischer Patriotismus* oder auch *Ethnopluralismus,* und dieser Umstand beweist, daß das intellektuelle Milieu, das einen Verlag wie Antaios tragen kann, erst wachsen mußte. Eine solche hochkarätig bestückte Reihe ist eben erst heute möglich. Weder Caroline Sommerfeld noch Benedikt Kaiser oder Martin Lichtmesz waren 2001 Autoren unseres Umfelds, alle drei stießen später dazu, und zumindest von Kaiser und Lichtmesz kann ich sicher sagen, daß für sie die Lektüre der Texte aus Weißmanns Feder von einiger Bedeutung war.

Wir haben in Weißmanns Text nicht eingegriffen. Grund dafür ist, daß er an einer Überarbeitung kein Interesse hatte – woraus man schließen darf, daß er keine Ergänzungen zum vor zwanzig Jahren Durchdachten für notwendig hält. Und in der Tat: Die Antwort auf die Frage, die Weißmann 2001 bereits im Titel stellte, ist nach wie vor nicht verbindlich. Zu groß ist nämlich die Differenz zwischen dem, was sofort einleuchtet und dem, was politisch durchgesetzt wird. Wenn also die Nation noch immer und vor allem in ernsten Lagen die politische Handlungsgröße schlechthin ist, mag das augenscheinlich sein; es hindert aber die derzeit beinahe übermächtigen politischen Akteure nicht daran, eben diese Handlungsgröße, die Nation, immer gründlicher zu dekonstruieren und sie (aus ihrer Perspektive folgerichtig) als bloßes Konstrukt zu beschreiben, das sich vor zweihundert Jahren zufällig durchgesetzt habe und das allein deshalb schon nicht sakrosankt sei.

Die Nation ist tatsächlich nicht sakrosankt. Aber sie hat sich als handlungsfähig erwiesen, als ordnungsstiftend, und das ist viel, sehr viel sogar. Solange es also keine bessere, keine ebenso einleuchtende Antwort gibt, ist Weißmanns Begründung für die Nation ausreichend. Deshalb legen wir sie erneut vor.

Schnellroda, August 2020, Götz Kubitschek

Vorwort

Man könnte die Frage nach der Nation als typisch deutsche Frage betrachten. Allein in den letzten zehn Jahren gab es ein Dutzend öffentlicher Diskussionen, die alle – offensichtlich oder verdeckt – darum kreisten, was es mit der Nation auf sich habe. Die Debatten über die Wiedervereinigung, über die fremdenfeindlichen Ausschreitungen, über die Einführung des Euro, über das Asylrecht, über das zentrale Holocaust-Mahnmal in Berlin, über die Wehrmachtsausstellung, über den Haackeschen Trog im Reichstag, über die »Leitkultur« und unlängst über die Legitimität eines neuen Patriotismus, sie alle behandelten eigentlich die Frage: Sind die Deutschen eine Nation? Wenn nein, was dann? Und wenn ja, was dann? Was ist eine Nation? Wodurch wird sie begründet: durch »Blut und Boden« oder das Bekenntnis zur Verfassung?

Man darf in diesen ganzen Auseinandersetzungen den Reflex einer tiefen Verunsicherung sehen, die sich für die Deutschen aus ihrer Lage als »Besiegte von 1945«[1] ergab, es wäre auch möglich, im allgemeinen Bedeutungsverlust des Nationalen am Ende des 20. Jahrhunderts ein Motiv zu erkennen, aber wahrscheinlich ergäbe sich bei genauerer Betrachtung der deutschen Geschichte oft ein der Gegenwart ganz ähnliches Bild. Friedrich Nietzsche meinte »Es kennzeichnet die Deutschen, dass bei ihnen die Frage ›was ist deutsch?‹ niemals ausstirbt.«[2]

Daß sich die Deutschen im Vergleich zu anderen ihrer Nation weniger sicher sind, hat wie die größere Gewißheit in diesem Punkt bei Franzosen, Engländern, Spaniern, Portugiesen historische Gründe. Daß die geschichtliche Entwicklung eines Kollektivs wesentlich zu dessen Selbstvorstellung, wesentlich zum Bewußtsein der Nation von sich beiträgt, wird oft übersehen und eine möglichst umfassende, aber ganz abstrakte Bestimmung vorgezogen. Der Geograph Alfred Kirchhoff äußerte schon 1902 in einem Vortrag: »Was ist eine Nation? Alle darauf gegebenen Antworten verraten eine große subjektive Sicherheit in der Wortdefinition, indem sie auf die Ableitung von der lateinischen oder romanischen Grundform hinweisen, werden aber sehr schwach und unzulänglich, sobald wir sie an die wirklichen in der Weltgeschichte als geschlossene Nation auftretenden Menschheitskomplexe anlegen.«[3]

Es führt in die Irre, nur den Begriff »Nation« zu klären oder verschiedene »Fälle« zu betrachten, vielmehr muß die historische Analyse verbunden werden mit einer genauen Untersuchung jener Vorgänge des *nation-building* – der Nationenbildung –, die als modellhaft angesehen werden können. Im folgenden findet sich deshalb der deutsche – und als Kontrast der französische – Weg zur Nation genauer dargestellt, bevor die Frage beantwortet wird, was das Wesen der Nation ausmacht und welche Zukunft dieser Form menschlichen Zusammenlebens noch offensteht.

Göttingen, im Sommer 2001, Karlheinz Weißmann

Versuch einer vorläufigen Klärung

Im Jahr 2001 von der Nation zu sprechen, ist etwas anderes, als vor hundert oder fünfzig oder auch vor zehn Jahren davon gesprochen zu haben. Wer zu Beginn des 20. Jahrhunderts in Europa oder in Amerika »Nation« sagte, bezog sich auf eine Selbstverständlichkeit. Abgesehen von der kleinen Schar überzeugter Kosmopoliten aus der Oberklasse und abgesehen von der kleinen Schar proletarischer Internationalisten verstand sich jeder als Glied einer Nation.

In einer Rede über den »wahren Amerikanismus« sagte der spätere Präsident der Vereinigten Staaten, Theodore Roosevelt, 1894: »Einige Gelehrte wollen zwar glauben machen, daß in der Zukunft Vaterlandsliebe nicht mehr angesehen werden wird als Tugend, sondern höchstens als eine Zwischenstation des menschlichen Verstandes auf dem Wege nach dem Zustand, wo Patriotismus die gesamte Menschheit und die ganze Welt umfaßt. Wohl möglich. Doch die Zukunft, von der die Gelehrten sprechen, liegt nicht greifbar vor uns da. Die Gelehrten sind ihrer Zeit so weit voraus, daß sich das gegenwärtige Geschlecht wenig um sie zu kümmern braucht. Es kann sein, daß in jener zeitenfernen Zukunft, von der wir uns noch keine Vorstellung machen können, Patriotismus nicht mehr für eine Tugend angesehen werden wird, ebenso wie die Menschen, die dann leben, vielleicht die Nase rümpfen werden über unsre bürgerliche Heirat. Aber so, wie die Verhältnisse jetzt liegen und wie sie in den letzten zwei- oder dreitausend

Jahren gewesen sind und höchstwahrscheinlich auch noch zwei- oder dreitausend Jahre sein werden, haben zwei Worte noch immer ihre große Bedeutung: Eigener Herd und Vaterland.«[1]

In einem mehr als hundert Jahre andauernden Prozeß der »Nationalisierung«[2] hatten die Völker des Abendlands und des größten Teils der neuen Welt gelernt, sich als Nationen zu begreifen. Schulpflicht und Wehrpflicht leisteten bei dieser Erziehung zur Nation Entscheidendes. Gleichgültig, ob Monarchie oder Republik, alle, vom Arbeiter über den Bauern und Bürger bis zum Fabrikanten und zum Aristokraten, waren von der Überzeugung erfüllt, daß die Nation die politisch entscheidende Ordnung begründe und darüber hinaus den Bestand von nationaler Sprache, nationaler Tradition und nationaler Kultur sichere.

Die Ursache für die Attraktivität der Nation lag vor allem in dem, was Max Weber eine »spezifische Art von Pathos«[3] genannt hat. Eine Menge von Wissen, Bildern und Vorstellungen erfüllte die Menschen mit Stolz auf ihre Herkunft, mit dem Willen, sich der Vergangenheit würdig zu erweisen und der eigenen Nation eine glänzende Zukunft zu erkämpfen. Wie stark dieser Wille war, zeigten die große Kriege des 20. Jahrhunderts, in denen die Nationen aufeinandertrafen. Jenseits der Frage, was genau zu diesen Konflikten geführt hat und wer die Verantwortung für deren Ausbruch trug, bleibt doch festzuhalten, daß Europäer, Nordamerikaner und Japaner die mörderischen Konflikte als Notwendigkeit betrachteten, als etwas, das um der eigenen Nation willen ausgefochten werden mußte. Es kam nirgends zu massenhaften Desertionen, auch die Verweigerung von einzelnen blieb die Ausnahme. Der unter Sozialisten in der Zeit vor dem Ersten Weltkrieg diskutierte Plan, jeden militärischen Konflikt durch einen Massenstreik zu verhindern, erwies sich im August 1914 als utopisch. Gerade die Arbeiter eilten zu den Fahnen und verteidigten ihre Vaterländer.

Die Infragestellung der Nation

Der »Vorzugswert«[4] der Nation wurde auch nach dem Ende des Ersten Weltkriegs kaum in Frage gestellt. Der Versuch, durch den Völkerbund die traditionelle Rivalität der Nationalstaaten samt Geheimdiplomatie und Interessenpolitik zu beenden, blieb illusorisch. Das nicht nur, weil der Kongreß der Vereinigten Staaten den Beitritt zum Völkerbund verweigerte, sondern auch, weil Frankreich und Großbritannien versuchten, den Völkerbund als Instrument zur Durchsetzung nationaler Ziele zu mißbrauchen.

Außer dem Völkerbund gab es nach dem Ersten Weltkrieg mit der Verheißung einer kommunistischen Weltrevolution noch ein weiteres politisches Modell, das an die Stelle der Nation treten wollte. Aber abgesehen von dem Eindruck, den die damit verbundene Verheißung bei der extremen Linken und bei den farbigen Völkern machte, blieb die Attraktivität gering. Die Propaganda der neu gegründeten Sowjetunion für eine Revolution nicht nur der unterdrückten Klassen, sondern auch der unterdrückten Nationen war von Anfang an unglaubwürdig. Die Betonung der nationalen Selbstbestimmung durch Lenin und das pro forma großzügige Minderheitenrecht der UdSSR konnten doch nicht über die faktische Begründung einer imperialen Position im Namen des Internationalismus hinwegtäuschen. Wohin der Kommunismus seine bewaffneten Missionare schickte: Die Nationen verteidigten erbittert ihre Unabhängigkeit und ließen sich durch kein Versprechen einer neuen Welt davon abbringen.

Allerdings hat der Antipatriotismus, der bis dahin nur eine marginale Rolle spielte, nach dem Ende des Ersten Weltkriegs in Europa und Nordamerika eine gewisse Bedeutung gewonnen. Abfälliges Reden über die eigene Nation gehörte zum *radical chic*. Bekannt ist, daß sich Hitler zu seiner aggressiven Außenpolitik nicht zuletzt ermutigt fühlte durch eine Abstimmung im Universitätsclub von Oxford, wo 1933 eine Mehrheit erklärte, niemals mehr für »König und Vaterland« zu kämpfen.

Stabil war diese Einstellung aber nicht. Von dem amerikanischen Verhaltensforscher Robert Ardrey stammt die Schilderung einer aufschlußreichen Szene vom Dezember 1941. Es handelte sich um den Tag des Angriffs auf Pearl Harbour. Ardrey war nicht aus dem Haus gekommen und hatte auch kein Radiogerät angestellt. Erst durch den Telefonanruf eines Bekannten erfuhr er von der Bombardierung des amerikanischen Flottenstützpunkts. Für ihn und seine Freunde veränderte dieser Augenblick alles. Ein Vorgang, der tausendfach überliefert ist. Was den vorliegenden Fall wirklich bemerkenswert macht, ist die Tatsache, daß Ardrey zu einer Clique »liberaler« Pazifisten gehörte, denen bis dahin nichts verächtlicher erschienen war als Wehrdienst und Vaterlandsliebe. »Ich glaube nicht«, berichtet Ardrey über seine Jugend, »daß es unter den 3500 Schülern, die mit mir die Oberschule von Chicago besuchten, auch nur einen einzigen gab, der Berufssoldat werden wollte. In den zwanziger Jahren, in der Zeit der Ungläubigkeit, verschwanden gewisse Begriffe aus dem amerikanischen Vokabular. ›Ehre‹ war einer davon, ›Ruhm‹

ein anderer. Ein ›Ehrenmann‹ war ein Heuchler. Wer Ruhm erworben, hatte sicherlich ein Holzbein, wer danach strebte, einen Holzkopf. Patriotismus galt als der letzte Zufluchtsort eines Taugenichts.«[5]

Das alles war jetzt ausgelöscht, die Nation konnte in der Stunde der Gefahr auf Ardrey und seine Generation zählen. Allerdings bezeichnet der Zweite Weltkrieg doch die Klimax des modernen Nationalbewußtseins. Zwar wurde der Kampf noch immer in erster Linie als ein Kampf von Nationen verstanden, aber es war doch auffällig, daß nicht nur die Alliierten im Namen übernationaler Ziele kämpften. Auch die radikal-nationalistisch auftretenden Regime der »Achse«, also Deutschland, Italien und Japan, suchten in den von ihnen beherrschten Großräumen nach anderen als nationalen Legitimationsmöglichkeiten. Das »Germanische Reich«, der »Europäische Wirtschaftsraum«, das *Impero* oder die »Großostasiatische Wohlstandssphäre« waren zwar keine universalen Ordnungen, aber imperiale, die sich nur noch fallweise auf die Nationen bezogen und stattdessen auf andere, etwa rassische Einheiten rekurrierten.

Nach dem Ende des Krieges wurde die Relativierung des Nationalstaates weiter durch die neue globale Frontstellung zwischen dem individualistisch-kapitalistisch-demokratischen Westen und dem kollektivistisch-sozialistisch-diktatorischen Osten gefördert. Diese Tendenz verband sich mit einer anderen, die schon länger die Bedeutung der Nation gemindert hatte. Eine den ganzen Planeten erfassende Industrialisierung und Rationalisierung der Lebensvollzüge weckte seit der Jahrhundertwende das Gefühl wachsender »Einförmigkeit«; 1912 notierte Walther Rathenau in seiner *Kritik der Zeit:* »Im täglichen und nächtlichen Spiel werfen die Städte der Welt einander ihre

Bälle zu: ihre Launen, Moden, Leidenschaften, Lieblinge, ihre Vergnügungen, Freuden und Künste, ihre Wissenschaften und Werke tauschen sie aus und finden am Wechsel Gefallen. Das gleiche Theaterstück wird in Berlin und Paris gespielt, die gleiche Ladenauslage prangt in London und Newyork, das gleiche wissenschaftliche Problem hält sie in Atem, der gleiche Skandal macht sie lachen, die gleiche Küche ernährt sie, der gleiche Hausrat umgibt sie. Nie waren im Mittelalter zwei benachbarte Städte eines Landes: Nürnberg und Köln, Genua und Venedig, einander im wesentlichen so ähnlich wie London und Paris, Newyork und Berlin.«[6] Bereits damals sprach man von Weltwirtschaft, Weltverkehr, Weltmarkt, Welthandel, Welternte und »Austauschmenschheit«[7].

Seit dem Beginn des 20. Jahrhunderts gab es eine wachsende Zahl von Beobachtern, die glaubte, daß die Nationen in der Moderne verschwinden würden. Aber erst nach dem Ende des Zweiten Weltkriegs kam ihrer Auffassung wirklich Bedeutung zu, derzufolge die Nation von rationaleren Konzepten menschlichen Zusammenlebens abgelöst werden müsse. Auch an der moralischen Dignität der Nation wuchsen Zweifel. Man betrachtete sie als Atavismus, als kriegstreibenden Faktor und den Nationalismus als pseudoreligiöse Verblendung.

Die Auffassung des Philosophen Karl Jaspers, daß »... der Nationalstaatsgedanke heute das Unheil Europas und nun auch aller Kontinente«[8] geworden sei, dürfte in dieser Radikalität aber auf Deutschland beschränkt geblieben sein. Das hing mit der Diskreditierung der Nation durch das NS-Regime und die im deutschen Namen verübten Verbrechen zusammen. In der Zeit nach 1945 entstand in der Bundesrepublik eine niemals systematisch formulierte, aber sehr wirksame Geschichtsphilosophie, derzufolge die Deutschen ihre nationale Selbstbestimmung durch die Unterstützung Hitlers verwirkt hätten. Die Abtrennung der Ostprovinzen und die Teilung des Restgebiets seien eine Art Urteil des »Weltgerichts«, und das habe der deutschen Nation für die Zukunft alle Rechte aberkannt.

Solche Ideen waren zwar niemals mehrheitsfähig, aber in der Intelligenz von außerordentlichem Einfluß. Die Anziehungskraft resultierte vor allem aus der Möglichkeit, die Sonderlage der Deutschen wieder mit einem Sendungsbewußtsein zu verknüpfen, demzufolge war in Deutschland bereits verwirklicht, was alle Welt anstreben sollte: eben die Überwindung des Nationalstaats, oder, wie Peter Glotz noch 1990 formulierte: die Überwindung eines »Denkfehlers«, die Absage an jene »einfache, fast primitive Idee« der Nation, die »in der ganzen Welt Unruhe stiftet«[9].

Das knüpfte an Jaspers an, der behauptet hatte, daß der Nationalstaatsgedanke auch den nichteuropäischen Raum ergriffen habe, und sich damit auf eine ungeheure Vermehrung unabhängiger politischer Einheiten bezog, die der Prozeß der Entkolonialisierung seit den fünfziger und sechziger Jahren hervorgebracht hatte. Tatsächlich behaupteten alle diese neuen Staaten, Nationalstaaten zu sein, und verteidigten eifersüchtig ihre Souveränität, selbst wenn deren Basis sehr dürftig war oder von den Auswirkungen des Ost-West-Konflikts absorbiert wurde. Die Bewegung der »Blockfreien«, in der sich vor allem Staaten Asiens, Afrikas und Lateinamerikas organisierten, war nicht zuletzt ein Versuch, die Legitimität des nationalstaatlichen Prinzips zu schützen.

So groß die Sympathie der Intelligenz im Westen für die Emanzipation der farbigen Völker sein mochte, von der These, daß der Nationalstaat ein Anachronismus sei, ließen sie sich deshalb nicht abbringen. In einem 1967 erschienenen Buch von Hans Magnus Enzensberger hieß es apodiktisch: »Auf dem Weg von der steinzeitlichen Urhorde zur planetarischen Industriegesellschaft scheint die Entfaltung der Produktivkräfte irgendwann im 19. Jahrhundert einen Punkt erreicht zu haben, wo die souveräne Nation ihnen ein optimales Organisationsprinzip bot. ... Seitdem haben sich die produktiven (und destruktiven) Kräfte, über welche die Menschheit verfügt, derart weiterentwickelt, daß die Nation als Form ihrer Organisation nicht nur obsolet, sondern zu einem lebensgefährlichen Hindernis geworden ist.«[10] Tatsächlich rückte die Modernisierung bis dahin getrennte Teile der Menschheit näher zueinander. Nicht nur die Entfernungen, auch die Unterschiede verloren an Bedeutung. Ganz gleich welcher Zukunftsvision man anhing – der »einen Welt« unter amerikanischen Vorzeichen oder der universalen sozialistischen Republik – die Nationen spielten hier wie dort nur mehr eine geringe Rolle. Technokratische Entwürfe, die auf der Höhe der Zeit sein wollten, verhießen, daß die Nationen verschwinden würden zu Gunsten von großen Produktions-, Konsum- und Planungseinheiten. Die globale Ausdehnung der industriellen Fertigung sollte die Unterschiede zwischen Kulturen, Sprachen, Völkern immer weiter abschleifen und schließlich ganz zum Verschwinden bringen. Die Nation gab es in solchen Modellen nur noch als Modernisierungshemmnis auf dem Weg in ein »postnationales«[11] Zeitalter. Bestenfalls sah man mit einer gewissen Melancholie auf die »Gleichgültigkeit des Fortschritts gegen die Herkunftssubstanzen«[12].

Die Annahme von der Überholtheit des Nationalstaats in Ost und West erklärt die nach dem Zusammenbruch des Kommunismus vielfach vertretene These, daß so endlich der Weg frei geworden sei für die planetarische Einheit, die bis dahin durch den Antagonismus der Systeme verhindert wurde. Francis Fukuyama, der diese Auffassung im Rahmen seiner Prognose vom »Ende der Geschichte« mit besonderem Nachdruck vertreten hat, meinte, daß die »Ausbreitung des homogenen Universalstaates« durch den Nationalismus nicht mehr aufgehalten werden könne, da dieser außerstande sei, systematisch zu werden, das heißt, eine Doktrin auszubilden, die es im Hinblick auf Kohärenz und Attraktivität mit dem Gesamt von Marktwirtschaft, Selbstentfaltung und Massenkonsum – verkürzend »Liberalismus« – aufnehmen könnte.[13]

Was seit dem Beginn der neunziger Jahre an optimistischen Erwartungen im Blick auf eine künftige »Weltinnenpolitik« jenseits nationalstaatlicher Grenzen formuliert wurde, stand allerdings unter dem Vorbehalt, daß die Nationen und der Nationalismus eine Renaissance erleben könnten. Diese Sorge spielte gerade in Deutschland eine wichtige Rolle, wo einflußreiche Teile der politischen und kulturellen Elite sogar bereit waren, die möglich gewordene Vereinigung von Bundesrepublik und DDR auszuschlagen, um die sonst notwendige Korrektur ihrer Geschichtsphilosophie zu vermeiden, die doch das Verschwinden des Nationalen verheißen hatte.

Begründeter als die Phobie, der neue deutsche Nationalstaat könne ein weiteres »Auschwitz«[14] vorbereiten, waren die Befürchtungen, die man angesichts der politischen und wirtschaftlichen Instabilität des ehemaligen Ostblocks haben durfte. Der polnische Schriftsteller Czesław Miłosz schrieb 1992: »Ein Gespenst geht um in Europa, das Gespenst des Nationalismus.«[15] Die Variante des berühmten Satzes aus dem *Kommunistischen Manifest* hat mit dem Vorbild gemeinsam, daß zum Zeitpunkt der Veröffentlichung und in unmittelbarer Folge wenig für die Prophezeiung sprach. Zehn Jahre nach dem Zusammenbruch der Sowjetunion gibt es im ehemaligen Ostblock ausgesprochen vitale und teilweise schon wieder an der Macht beteiligte kommunistische Parteien, die sich auch ausgesprochen chauvinistischer Parolen bedienen, aber nirgends eine authentische und wirklich anziehungsfähige nationalistische Bewegung. Dasselbe gilt in noch viel stärkerem Maße für die Mitte und den Westen des Kontinents. Abgesehen von historisch erklärbaren Nuancen ist die Nation nirgends mehr die einzige Legitimation politischen Handelns. Wenn es außerhalb des nördlichen Wohlstandsgürtels anders aussieht, bleibt dieses Faktum doch angesichts der Machtverhältnisse bedeutungslos.

Trotzdem gibt es einige Faktoren, die für die Plausibilität der von Miłosz geäußerten Befürchtung sprechen:

1. Das Verschwinden der Sowjetunion, des Warschauer Paktes und des RGW ließ nicht nur die Völker Zwischeneuropas – von den Balten über die Polen bis zu den Ukrainern und Rumänen – ihre Selbständigkeit zurückerlangen. Mit dem Zerfall der UdSSR fand noch eine weitere Vermehrung selbständiger Nationalstaaten statt, die zum Teil erbitterte Kämpfe um ihren Bestand führen. In einigen Analysen wird da-

von gesprochen, daß der Kollaps des östlichen Systems zur Infragestellung mehrerer Dutzend Grenzziehungen führte.

2. Man kann diesen Prozeß durchaus in Verbindung bringen mit der Zersetzung von supranationalen Gebilden überhaupt. Auch der Untergang Jugoslawiens bestätigt, daß es neben der Tendenz zur Vereinheitlichung, zur Globalisierung und zum Weltstaat, eine andere gibt, die schon vor Jahren etwas salopp als »Balkanisierung für jedermann«[16] gekennzeichnet wurde. Die bietet in Gestalt des Separatismus je nach Umständen ein eher harmloses (etwa in der Bretagne gegenüber Frankreich, in Katalonien gegenüber Spanien) oder ausgesprochen gewalttätiges Bild (etwa auf Korsika gegenüber Frankreich, im Baskenland gegenüber Spanien, auf den Molukken gegenüber der philippinischen Regierung, ähnlich in zahlreichen afrikanischen und asiatischen Staaten). Die Mehrzahl der neueren bewaffneten Konflikte geht auf autonomistische Bewegungen zurück.
3. Man muß darum die Möglichkeit in Betracht ziehen, daß diese Entwicklung zusammen mit dem gewöhnlich als »Reethnisierung« bezeichneten Vorgang, der insbesondere in den Industrienationen mit hohem Zuwandereranteil zur nationalen Orientierung der Migranten an ihrem Herkunftsland führt, eine neue Form des Nationalismus gebiert, die
4. ihrerseits einen »defensiven Nationalismus«[17] als Abwehrreaktion hervorrufen könnte, dessen erstes Auftreten sich in Gestalt verschiedener »populistischer« Parteien abzeichnet.

Bei der Skizzierung der Kontroverse zwischen jenen, die die Entstehung eines Weltstaates annehmen, und solchen, die von einem Wiederaufleben des Nationalismus ausgehen, wurde um der Deutlichkeit willen eine dritte, im eigentlichen Sinn vermittelnde Position ausgespart. Deren Vertreter haben sich kaum Gehör verschaffen können in dem lautstarken Streit zwischen den (Heils-)Propheten des Universalismus und den (Unheils-)Propheten des Partikularismus. Ihre Auffassung verdient aber wegen ihrer Vernünftigkeit und Realitätsnähe Aufmerksamkeit. Dieser Ansicht zu Folge war die Geschichte mit dem Verschwinden des Ost-West-Gegensatzes nicht zu Ende, vielmehr kehrte die Normalität zurück. Der »globale Ausnahmezustand«[18], der im Grunde mit dem Kriegseintritt der USA und der bolschewistischen Revolution 1917 begonnen hatte und die geschichtliche Entwicklung vor allem nach 1945 durch die Blockkonfrontation sehr nachhaltig bestimmte, wurde überwunden. Die neue Situation ist unübersichtlicher, bietet aber auch vermehrte politische Handlungsmöglichkeiten, in deren Rahmen die Nationen nicht nur eine faktische, sondern auch eine berechtigte Rolle spielen können.

Was damit gemeint ist, soll an Hand der von dem Philosophen Rüdiger Bubner vorgetragenen Argumentation gezeigt werden. Bubner vertritt die Auffassung, daß die tatsächlich handlungsfähige Weltgesellschaft eine »universalistische Legende«[19] sei. Ihr müsse schon deshalb widersprochen werden, weil es ganz negative Wirkungen mit sich bringe, wenn man alle Energien darauf konzentriere, den planetarischen Staat zu verwirklichen und dabei aus dem Blick verliere, daß auf diesem Weg die tatsächlichen Probleme gar nicht bewältigt werden können. Es gelte die Illusion zu überwinden, die seit der Aufklärung mit dem

Projekt des Weltstaates verbunden wurde, und einer Einsicht wieder zu Ehren zu verhelfen, die durch Hegel und die Historische Schule in Deutschland schon einmal großen Einfluß ausgeübt habe. Danach gilt, »... daß kein Recht einen angebbaren Ort seiner Wirksamkeit findet, ohne daß dafür von außerhalb des Rechtsprinzips selber, das heißt aus den Konstellationen der Geschichte heraus, förderliche Gegebenheiten geboten sind«. Solche »förderlichen Gegebenheiten« gibt es allen Einwänden zum Trotz nur in den Nationen, was zu dem Ergebnis führt, daß der rechtlich verfaßte Nationalstaat »... der einzige Weg geblieben ist, Verfassungen zur Geltung zu bringen«[20].

Man darf eine solche ganz nüchterne Rechtfertigung der Nation sicher noch nicht als ausreichend, aber doch als hilfreich ansehen. Sie kann ihre Tragfähigkeit überhaupt erst unter Beweis stellen, wenn der hier bisher nur pragmatisch verwendete Begriff »Nation« genauer geklärt wird.

Die Nation – Begriff und Sache

Nation – abgeleitet vom lateinischen *natio,* was wiederum auf *nasci* für »geboren werden« zurückgeht – heißt ursprünglich gleichermaßen Geburt, Herkunft, verwandtschaftliche Beziehung, Bevölkerung einer Stadt, einer Provinz, eines Staates oder das zugehörige Territorium, im allgemeinen aber Sippe. *Natio* war ursprünglich »kein genuiner Kollektivbegriff«[21]. Die Römer selbst verstanden sich nicht als *natio,* sondern als *populus,* was schon anzeigt, daß das Wort in der Antike nichts von der Aura besaß, die es später umgeben sollte. Es bezeichnete häufig die individuelle Standeszugehörigkeit, woran sich bis in das Frühmittelalter wenig änderte, so daß ein Bischof aus merowingischer Zeit *vir gente Romanus, nacione clarus* genannt wurde, wobei *gens* die Volks-, *natio* aber die Gruppenzugehörigkeit bedeutete.

Bei der Randstellung des Begriffs blieb es auch in der Folgezeit. Der Sinn des Wortes schwankte stark. Selbst die Gesamtheit der Christen konnte als *natio* verstanden werden, wenn auch einzelne wie der Geschichtsschreiber Beda, der schon im 8. Jahrhundert eine *historia … nostrae nationis*[22] abfaßte, dem modernen Verständnis der Nation nahekamen. Praktische Bedeutung besaß die *natio* erst seit dem Spätmittelalter an den Universitäten. Die Hochschulen bezeichneten als *nationes* die Körperschaften, die dem Schutz der Studenten dienten. Je kleiner eine Universität war, desto umfassender mußten die »Nationen« sein, je größer sie war, um so differenzierter konnte die Einteilung vorgenommen werden. In Bologna etwa zerfielen die Franzosen in acht verschiedene »Nationen«, von denen einige gelegentlich mit den Deutschen zusammen stimmten, um ihre Interessen durchzusetzen. In Wien gab es nebeneinander eine österreichische, eine rheinische und eine sächsische Nation, in Prag eine bayerische und eine sächsische. In Paris umfaßte die französische Nation zwar alle Südeuropäer und Orientalen, aber nicht die Normannen und Picarden. Auffallend ist, daß es relativ früh zu gewissen, dann doch schon im heutigen Sinne »nationalen« Sonderungen innerhalb der *nationes* kam: In Pavia trennten sich die Polen von den Deutschen und bildeten die Böhmen eine eigene Gruppe innerhalb der Deutschen. Es kam auch zu heftigen Auseinandersetzungen und Sezessionen. Berühmt wurde der Exodus der deutschen Professoren und Studenten aus Prag nach dem Versuch, die Universität zu tschechisieren.

Von den Universitäten übernahmen die großen Kirchenversammlungen die Einteilung in »Nationen«. Bei den Konzilien von Konstanz (1414–1418) und Basel (1431–1437) wurde anerkannt, daß die Anwesenden nicht nach Köpfen – als Glieder der einen *universitas christiana* – sondern nach Zusammengehörigkeit gemäß ihrer »Zunge« abstimmen sollten. Aus Gründen der Opportunität beschränkte man die Zahl der *nationes* dabei auf fünf (die deutsche, die englische, die französische, die italienische und die spanische) und schlug der englischen »Nation« gleich noch die Iren und Schotten, der deutschen auch die Skandinavier, Polen, Tschechen, Ungarn, Kroaten und Dalmatiner zu.

Der Begriff Nation stand also im Mittelalter in erster Linie für Parteien oder Fraktionen, Zweckverbände oder Verwaltungseinheiten, die jedenfalls keine größere politische Rolle spielten und auch keine entsprechende Anziehungskraft auszuüben in der Lage waren. Das änderte sich erst mit dem Beginn der Neuzeit. Zwar haftete das Wort noch lange an ständischen Zuordnungen – Luther unterschied den »christlichen Adel deutscher Nation« ausdrücklich vom »Volk«, die Generalstände Frankreichs tagten in sechs »Nationen« getrennt, und noch im 18. Jahrhundert sprach man von einem *peuple des nationes françaises* –, aber seit dem Beginn der Neuzeit begannen sich Sprachgebrauch und Vorstellung deutlich zu differenzieren. Besonders auffällig ist das in der Renaissance, etwa bei Machiavelli, dessen Nationalismus zwar »noch nicht ausgesprochen«[23] war, aber in vieler Hinsicht inspirierend wirkte. So heißt es in einem Essay des englischen Gelehrten und Politikers Francis Bacon, durchaus in Fortsetzung der Gedanken des verfemten Italieners: »Vor allem anderen ist es für Herrschaft und Größe das Wichtigste, daß eine Nation das Waffenwerk als ihre hauptsächliche Ehre, Übung und Beschäftigung ansieht. … Daher sehe man darauf, daß Nationen, die nach Größe streben, für Beleidigungen empfindlich sind und bei einer Provokation nicht zu lange stillsitzen … Kein Körper kann ohne Leibesübung gesund bleiben, und für ein Königreich oder einen Staat ist ein gerechter und ehrenvoller Krieg die richtige Übung.«[24]

Bald darauf trat neben diese Verknüpfung von Nationalismus und moderner Staatsräson ein weiterer Faktor durch die revolutionären Umwälzungen, die Europa seit dem Zeitalter der Religionskriege erschütterten. Zuerst hat in England im 17. Jahrhundert die Gleichsetzung von »Volk« und »Nation« nicht nur den Angriff auf die bisherige Verfassung, das heißt den Vorrang von Königtum und Lords, gerechtfertigt, vielmehr wurde dieser Angriff im Bürgerkrieg geführt namens der »… höchsten Autorität dieser Nation, den Vertretern des Volkes im Parlament«[25].

Es ist mit diesen Hinweisen zur Wortgeschichte natürlich wenig darüber gesagt, ob die Nation nicht schon früher von der Sache her bestand, obwohl der Begriff ungebräuchlich war. Die radikalste Bejahung dieser Position findet man bei den Ethologen. Der erwähnte Robert Ardrey behauptete, daß man grundsätzlich jede Sozialform als »Nation« bezeichnen könne, die sich durch engen Zusammenschluß nach innen und extravertierte Aggression auszeichne. Die Probe auf die Existenz sei die Verteidigung des in Anspruch genommenen Territoriums gegen beliebige Angreifer.[26] »Territorialität«, so Ardrey, gehöre wie die Gruppenbildung zu den anthropologischen Gegebenheiten und sei durch keine kulturelle Entwicklung zu überformen. Die hier aufgestellte These von der »biologischen Nation«, deren Ursprungsform sich heute noch bei anderen Primaten beobachten lassen soll, wird von anderen Forschern, etwa Irenäus Eibl-Eibesfeldt, durchaus geteilt und unter Hinweis auf bestimmte Konstanten des menschlichen Verhaltens – Brutpflegetrieb, Stärke der Binnenmoral, Schwäche der »Fernstenliebe« – weiter untermauert.[27]

Der Vorzug dieser Konzeption liegt offen zu Tage. Ihre Anhänger verweisen darauf, daß es eine Reihe elementarer Verhaltensweisen gebe, die unter allen denkbaren kulturellen und historischen Umständen immer wieder auftreten und ohne Zweifel dazu beigetragen haben, Nationen zu begründen. Was hier vor allem gemeint ist, kann man dem Gedicht »Der Fremdling« des englischen Schriftsteller Rudyard Kipling ablesen:

The Stranger within my gate,
He may be true or kind,
But he does not talk my talk –
I cannot feel his mind.
I see the face and the eyes and the mouth,
But not the soul behind.

The men of my own stock
They may do ill or well,
But they tell the lies I am wonted to,
They are used to the lies I tell;
And we do not need interpreters
When we got to buy and sell.

The stranger within my gates,
He may be evil or good,
But I cannot tell what powers control –
What reasons sway his mood;
Nor when the Gods of his far-off land
May repossess his blood.

Gerade in der Wahrnehmung des anderen als anders gab es immer ein Element, das auch zum Nationalbewußtsein dazugehört. Das griechische *barbaros* bedeutet eben nicht nur »ungesittet« oder »unwissend«, sondern vor allem »fremd«. Wahrscheinlich entspricht es auch in dieser Hinsicht dem Sanskrit-Wort *barbara,* das wie *barbaros* einen onomatopoetischen Ursprung hat und mit »stammelnd« übersetzt wird. In einem ähnlichen Zusammenhang nannten die Slawen die Deutschen *niemci:* »Stumme«, mit der Nebenbedeutung »Feinde«.

Aber genügt es, die Nation als irgendeine Gruppe zu bestimmen, die sich von Fremden beziehungsweise Feinden abzusetzen weiß? Tatsächlich liegt die Schwäche der Vorstellung von einer »biologischen Nation«, darin, daß hier das Nationalbewußtsein einer Klasse von Empfindungen »natürlicher« Art zugeschlagen wird, in die es nicht gehört. Anders als die Liebe zur Familie ist die Vaterlandsliebe nicht auf eine überschaubare Gruppe bezogen, anders als für die Heimatliebe gibt es für den Nationalismus kein Territorium, das der einzelne in jedem Winkel kennt. Mit gutem Grund wurde darauf hingewiesen, daß die außereuropäischen Hochkulturen zwar ein hohes Maß sozialer Kohärenz erreichten, aber keine »Nationen« auszubilden vermochten. Der Grund lag im Fehlen jener Empfindung umfassender Brüderlichkeit, deren Grundlage das Christentum war: Es forderte eine Nächstenliebe, die über den selbstverständlichen Bereich hinausging. Hinwendung zu einer Nation ist ein abstrakter Vorgang, wenigstens darin dem Kosmopolitismus ähnlich, der ja auch starke Emotionen auf ein weit entferntes Gebilde richtet. Nationalbewußtsein ist ein geistiger, kein natürlicher Sachverhalt.

Wenn man den Begriff der »Nation« so weit faßt, wie das von Ardrey vorgeschlagen wird, verliert er außerdem jede historische Zuordnung, er bezeichnet einfach jede beliebige Form menschlicher (tendenziell: tierischer) Gemeinschaft, die sich deutlicher von anderen absetzt und bestimmte Machtmittel in die Hand bekommt, um diese Existenzweise auf Dauer zu verwirklichen. Selbstverständlich kannte auch schon die Antike von den Griechen als *ethnos*, von den Römern als *genus*, seltener als *natio*, bezeichnete Gruppen, die eine politische Einheit bildeten, ein gemeinsames Territorium bewohnten, gewisse deutlich erkennbare Kollektiveigenschaften besaßen und ihre Selbständigkeit notfalls mit Gewalt verteidigten. Aber die Allgemeinheit, in der eine ältere Redeweise von der Nation auch die Griechen, Römer, Germanen oder Inka als »Nationen« bezeichnete, provozierte im Gegenzug die These, daß »Nationen« eigentlich ganz neuartige Gebilde seien, die bestenfalls seit der Französischen Revolution Bestand haben.

Auch diese Auffassung hat ihre Tradition. So schrieb der Historiker Eduard Meyer ausgerechnet in der Hochphase nationaler Erregung und Begeisterung, während des Ersten Weltkriegs: die Nationen seien »... ein letztes, äußerst kompliziertes Produkt eines langen historischen Prozesses ... Vor einem Jahrhundert hat von den gegenwärtigen Nationen Europas noch keine einzige existiert; sie alle sind durch Zusammenfassung sehr verschiedenartiger Elemente geschaffen und hätten bei anderem Verlauf der Geschichte auch ganz anders gestaltet sein können.«[28] Neuerdings ist es in Radikalisierung dieser Ansicht Mode geworden, Nationen als Niederschlag von Kommunikationsformen[29] oder einfach als »Erfindungen«[30] zu betrachten, deren Durchsetzungschance auf eine bestimmte geschichtliche Konstellation in der Entwicklung Europas zurückzuführen sein soll.

Es spielt für diese These auch das marxistische Erbe eine Rolle, vermittelt durch einen der letzten bedeutenden Vertreter dieser Denkschule, den britischen Historiker Eric J. Hobsbawm. Hobsbawms Einschätzung der Nation und ihrer Bedeutung entspricht sehr weitgehend derjenigen von Marx, der der Nation einerseits eine unbestreitbare historische Funktion in der Entwicklung der Produktivkräfte und Produktionsverhältnisse zusprach, andererseits jede »objektive« Existenz der Nation verneinte. Auch Hobsbawm erkennt im Nationalismus einen nützlichen Faktor an, wenn er den gesellschaftlichen Fortschritt begünstigt, betrachtet ihn aber im übrigen als Niederschlag von falschem Bewußtsein. Der reale Kern der Nation ist der »nationale Markt«[31], alles andere ist »Überbau« oder eben »Erfindung«[32].

Zwar spielt ein gewisses Moment der (Selbst-)Täuschung in der Genese vieler Nationen ebenso eine Rolle wie die Entschlossenheit bestimmter Eliten, die Nationen ins Leben zu rufen, doch hat gerade der Zusammenbruch des Ostblocks darüber belehrt, welch enge Grenzen solchen Bemühungen gezogen sind. Der Versuch, Nationen zu erfinden, der hier sehr wohl gemacht wurde – ganz gleich ob man damit den »Sowjetmenschen«, den »Tschechoslowaken« oder den »Jugoslawen« zu erfassen sucht – war regelmäßig zum Scheitern verurteilt, aber die angeblich auch nur »konstruierten«[33] älteren Vorstellungen von nationaler Zugehörigkeit – als Russe, Weißrusse, Ukrainer, Tscheche, Slowake, Serbe, Kroate, Montenegriner, Albaner etc. – zeigten nach Jahrzehnten der Unterdrückung und Umerziehung eine erstaunliche Vitalität.

Vermeidet man ganz bewußt die beiden extremen Interpretationsformen – die Nation als biologische Einheit oder die Nation als Fiktion –, bleiben immer noch genügend Differenzen zwischen den verschiedenen Deutungsmöglichkeiten. Das hängt vor allem mit der seit dem Beginn der Neuzeit wachsenden politischen Bedeutung der Nation zusammen. Keine Definition ist ganz frei von dem Verdacht, einem speziellen – nationalen – Interesse zu folgen, durch die Bestimmung des Wortsinns Ansprüche untermauern zu wollen, Vereinnahmungen oder Abgrenzungen vorzubereiten oder zu rechtfertigen. Immerhin lassen sich in diesem Streit zwei große Tendenzen feststellen, die sehr tief in der Anschauung des Problems wurzeln. Vereinfachend spricht man vom *concept français* und vom *concept allemand,* vom französischen und vom deutschen Konzept der Nation[34].

Eine klassische Definition im Sinn des »deutschen Konzepts« stammt von dem Philosophen Johann Gottfried Herder, der in seinen *Ideen zur Philosophie der Geschichte der Menschheit* festhielt: »... der natürlichste Staat ist also auch Ein Volk, mit Einem Nationalcharakter. Jahrtausende erhält sich dieser in ihm und kann, wenn seinem mitgebornen Fürsten daran liegt, am natürlichsten ausgebildet werden: denn ein Volk ist sowohl eine Pflanze der Natur, als eine Familie, nur jenes mit mehreren Zweigen.«[35] Den »Nationalcharakter«, auch »Volks-« oder »Nationalgeist«, betrachtete Herder einerseits als etwas Gegebenes, Natürliches (»Pflanze«), andererseits als Produkt einer langen gemeinsamen Geschichte, in der sich gemeinsame Kultur und – vor allem – gemeinsame Sprache eines Volkes ausbildeten.

Der bekannteste Verfechter des »französischen Konzepts« dürfte wohl der Orientalist, Religionswissenschaftler und Philosoph Ernest Renan gewesen sein, der in einem berühmt gewordenen Vortrag aus dem Jahr 1882 unter der Überschrift *Qu'est-ce qu'une nation?* – »Was ist eine Nation?« sagte: »Eine Nation ist eine große Gemeinschaft, begründet im Gefühl der Opfer, die man gebracht hat und derjenigen, die man noch zu bringen bereit ist; sie setzt eine gemeinsame Geschichte voraus; doch in der Gegenwart wird sie durch eine spürbare Tatsache zusammengeschlossen: die allgemeine Zustimmung, den deutlich ausgedrückten Wunsch, das gemeinsame Leben fortzusetzen. Die Existenz einer Nation ist (entschuldigen Sie das Wortspiel) ein tägliches Plebiszit ...«[36]. Die persönliche Entscheidung war für Renan das die Nation konstituierende Element, obwohl nicht übersehen werden darf, daß auch er die Nation als ein Produkt der Geschichte betrachtete.

Es ist üblich geworden, dem *concept français* eine Art Vorrang einzuräumen. Wenn überhaupt, dann soll nur dieses »westliche« Modell der Nation akzeptabel sein. Wir werden noch darauf zu sprechen kommen, warum diese Präferenz keine sachliche Berechtigung hat. Hier soll genügen, daß die beiden prinzipiellen Möglichkeiten, die Nation zu denken, grob umrissen sind. Wer auch immer zu dem Thema Nation Stellung nimmt, ist gezwungen, sich mit den zugrunde gelegten Auffassungen auseinanderzusetzen, und eben das soll im folgenden geschehen.

Der französische Weg

Nach einer häufig zitierten Sentenz kam der französische Staat zustande durch das Bedürfnis seiner Könige, ungehindert von Paris nach Orléans zu reiten. Darin steckt mehr als ein Körnchen Wahrheit, wenn man die Anfänge Frankreichs betrachtet. Bedrohte Anfänge, die in Frankreich ein Bedürfnis nach staatlicher Ordnung wachsen ließen, und dem Staatlichen solche Bedeutung gaben, daß auch die französische Nation niemals ohne den Staat gedacht werden konnte, Nation und Nationalstaat als identisch galten und gelten.

Infolge der Verträge des 9. Jahrhunderts, die zur Aufteilung des karolingischen Reiches geführt hatten, und nach dem Verschwinden Lotharingiens entstanden zwei politische Gebilde, die jeweils die ganze Tradition des fränkischen Imperiums in Anspruch nahmen. »Westfranzien« und »Ostfranzien« waren aber äußerst labile Einheiten, die sich nicht nur im Inneren durch die Auflehnung großer Herren, sondern auch durch Angriffe von außen gefährdet sahen. Zuerst wurde das ostfränkische, das später so genannte »Deutsche Reich«, aus dieser Zwangslage befreit. Das ging Anfang des 10. Jahrhunderts auch mit einem Dynastiewechsel einher, der zur Ablösung der Karolinger durch Könige aus dem eigenen Land führte. In Westfranken dauerte es fast hundert Jahre länger, bis 987, bevor der erste Kapetinger als Vertreter eines neuen Herrschergeschlechts an die Spitze des Reiches treten konnte.

Entgegen einer lange die deutsche wie die französische Geschichtsschreibung beherrschenden Vorstellung spielte der Gegensatz zwischen den beiden Nachfolgestaaten des Karlsreiches kaum eine Rolle für die weitere Entwicklung. Die französische Nation bildete sich nicht im Gegensatz zur deutschen, sondern im Gegensatz zur englischen aus. Die Ursache dafür lag letztlich in den Angriffen der Normannen auf das Westfrankenreich. Um dieser Gefahr zu begegnen, hatten sich die Kapetinger entschlossen, den aus Skandinavien gekommenen Invasoren die dann als »Normandie« bezeichnete Halbinsel im Nordwesten des Landes auszuliefern. In verblüffendem Gegensatz zu dem anarchischen und chaotischen Element, das die Normannen sonst verkörperten, bauten sie dort eine Art Musterstaat auf, der nicht nur erhebliches Gewicht für die französische Innenpolitik besaß, sondern auch als Ausgangsbasis für weitere Eroberungszüge diente.

Die wichtigste dieser Expeditionen führte 1066 zur Eroberung Englands durch den normannischen Herzog Wilhelm. Seine Nachfolger aus dem Haus Plantagenet bauten ihre Macht weiter aus, betrachteten aber lange Zeit England nur als eine Art Nebenbesitz, der gegenüber den kontinentalen Gebieten kaum ins Gewicht fiel. Das sogenannte angevinische Reich reichte im 12. Jahrhundert von den Pyrenäen über die Atlantikküste hinauf bis zur Bretagne und Normandie und noch weiter bis an die Grenze Flanderns. Dieses Gebiet hatte etwa sieben Mal soviel Fläche wie die Krondomäne der französischen Könige, eine Ellipse, die im größten Durchmesser gerade einen Raum hundert Kilometer südlich von Paris erfaßte.

Das Reich der Plantagenet erscheint dem modernen Betrachter völlig unorganisch, aber er darf nicht übersehen, daß ein solches Konglomerat von Territorien im Mittelalter keineswegs ungewöhnlich war und durchaus Entwicklungsmöglichkeiten bot. Der Kanal hätte nicht unbedingt trennend wirken müssen, so wenig wie das Mittelmeer in der römischen Antike, und die normannische Oberschicht stand ihren Untertanen überall distanziert gegenüber, ganz gleich, ob diese in den Grafschaften Maine, Anjou, Poitou, den Herzogtümern der Bretagne, der Gascogne, der Normandie oder in England zu Hause waren. Daß das angevinische Reich trotzdem keine Zukunft hatte, lag letztlich an der politischen Unfähigkeit der eigenwilligen Söhne Heinrichs II. Plantagenet, dem exzentrischen Richard Löwenherz und dem schwachen Johann ohne Land. *John Lackland* verlor in kurzer Zeit den größten Teil der Besitzungen auf dem Kontinent und konnte nur Aquitanien behalten. Damit verschoben sich die Gewichte ganz erheblich zu Gunsten der französischen Könige.

Aber erst zu Beginn des 13. Jahrhunderts, unter der Herrschaft Philipps II. Augustus, gelang es, die Macht des Hauses Capet wirklich zu festigen. Philipp II. war der erste König, der darauf verzichten konnte, seinen ältesten Sohn zu Lebzeiten als Mitregenten krönen zu lassen, um so die Thronfolge zu sichern. Schon seit längerer Zeit war die Wahl des Herrschers zu einer Formalität geworden, und die Tatsache, daß alle Kapetinger männliche Nachkommen hatten, trug wesentlich dazu bei, die Erbmonarchie in Frankreich fast unbemerkt durchzusetzen. Das war der politischen Stabilisierung Frankreichs ebenso förderlich wie die dauernde Erweiterung des Kronlandes. Der Beiname »Augustus« wurde Philipp in Anbetracht seiner erfolgreichen Eroberungspolitik verliehen und sollte so viel wie »der Eroberer« bedeuten. Der König nutzte vor allem die Familienstreitigkeiten der Plantagenet zu seinen Gunsten aus, zerstörte ihren festländischen Besitz und verleibte seiner Hausmacht die Normandie, die Touraine, das Anjou und Maine ein. Ein Versuch Johann ohne Lands, dies rückgängig zu machen, scheiterte 1214 in der Schlacht von Bouvines.

Auch wenn ein Chronist vermerkte, dort habe eine englisch-flämisch-deutsche Koalition *»contra nos«*[1] – »gegen uns« – gestanden, wird man die Bevölkerung des von den französischen Königen nominell beherrschten Gebiets noch keineswegs als Einheit betrachten dürfen: »Franzosen« waren eigentlich nur die Einwohner der königlichen Domäne um die Ile de France, »Burgunder« oder »Aquitanier« galten als fremde Völker, die gegenseitige Abneigung äußerte sich heftig, ganz gleich, ob es um Haartracht, Kleidung, Eßgewohnheiten, Sitten oder Religionsausübung ging. Wie ein Kampf zweier Nationen erschien der Kreuzzug des Nordens gegen den Süden, um die Katharer zu vernichten. Diese ketzerische Bewegung erfreute sich besonders in der Grafschaft Toulouse des Wohlwollens großer Feudalherren. »Langue d'oc« nannten die »Franzosen« dieses Gebiet, weil man dort *oc* anstelle des »französischen« *oïl,* Vorform des späteren *oui,* für »ja« benutzte.

Unter der Herrschaft Philipps II. August und seines Enkels, Ludwigs IX., stieg Frankreich zur Vormacht des Abendlandes auf. Es trat damit an die Stelle des Heiligen Römischen Reiches, oder, um genauer zu sein: der universale Anspruch der römisch-deutschen Kaiser war nicht mehr durchzusetzen gegen ein europäisches Staatensystem, in dem Frankreich das größte Gewicht zukam. Wie in England hatte dort die Politik der großen Staufer Furcht geweckt vor dem *furor teutonicus* und Unmut über den *teutonico impetu* – das »deutsche Ungestüm« –, das die Weltherrschaft an sich reißen wolle. Der Niedergang der staufischen Dynastie erfüllte den französischen Hof deshalb mit Genugtuung und ließ das Selbstbewußtsein wachsen. Zu Beginn des 14. Jahrhunderts wird der Jurist Pierre Dubois in mehreren Schriften für seinen König fordern, was bis dahin nur dem Kaiser zustand: Schutzherr der abendländischen Christenheit und Führer in einem neuen Kreuzzug zu sein.[2]

Das Imperium und die ihm zugrundeliegende Idee wurden abgelöst von etwas Neuem, zu dessen Grundlagen auch die Nation gehörte. Daß Ludwig IX., der als Ludwig der Heilige in die Geschichte einging, in einem Kreuzzug fiel, sollte allerdings vor der Vermutung bewahren, als ob hier schon die Grenze des Mittelalters zur Neuzeit überschritten worden sei. Gerade unter seinen Nachfolgern erlebte das Mittelalter eine wenn auch späte Blüte. Welcher Zusammenhang zwischen anachronistischer Feudalität und neuer Gefährdung der französischen Position bestand, kann hier nicht erörtert werden. Nur so viel ist von Belang, daß der Aufstieg des französischen Staates noch einmal in Frage gestellt wurde durch einen Konflikt mit dem englischen Erbfeind, der an die Fundamente des politischen Aufbaus rührte.

Schon bevor der letzte Kapetinger, Karl IV., 1328 ohne männliche Nachkommen starb, hatten die sogenannten Legisten ein vorgeblich salisches Gesetz ans Licht gebracht, das es den weiblichen Mitgliedern der königlichen Familie verbot, ihre Thronrechte zu vererben. Diese *lex salica* wurde aber nicht von allen Vasallen anerkannt, von denen der mächtigste immer noch der englische König, Eduard III., war. Unter Berufung auf Ansprüche seiner Mutter, die eine Schwester Karls IV. gewesen war, verlangte der Plantagenet die französische Krone für sich.

Der aus diesem Anspruch resultierende »Hundertjährige Krieg« begann als dynastischer Konflikt, aber er endete als Kampf zweier Nationen. Der erste Schritt in diese Richtung war schon früh zu erkennen am Verlauf der Schlacht von Crécy im Jahr 1346. Die Tatsache, daß dort ein französisches Ritterheer von englischem Fußvolk geschlagen wurde, war nicht nur symptomatisch für die Entwicklung der Waffentechnik, die die traditionelle Überlegenheit der Panzerreiter in Frage stellte, sie war vor allem deshalb wichtig, weil die englischen – eigentlich: normannischen – Adligen von ihren Pferden abstiegen und in Gemeinschaft mit dem walisischen und angelsächsischen Fußvolk fochten. Crécy gilt als ein Geburtsdatum des englischen Nationalbewußtseins. Auf französischer Seite kündigte sich ein Erwachen des Nationalismus erst zu dem Zeitpunkt an, als in Gebieten, die einmal zum angevinischen Reich gehört hatten, die englische Herrschaft als Fremdherrschaft wahrgenommen wurde und der Kampf gegen sie als eine – nationale – Pflicht: »Jene, die Krieg gegen das heilige Reich von Frankreich führen, führen Krieg gegen König Jesus.«[3]

Diese Äußerung wird der Jeanne d'Arc zugeschrieben, und in der französischen Erinnerung bleibt die dramatische Zeit des Hundertjährigen Krieges immer verknüpft mit dem Auftreten der Heiligen Johanna. Es mag umstritten sein, welche Ursachen die außerordentliche Wirkung der Jungfrau hatte, aber die Folgen, die ihr Auftreten vor dem tatenlos in Bourges sitzenden Dauphin zeigte, die mitreißende Art, in der sie die mutlosen Truppen anfeuerte, die Befreiung von Orléans und die Krönung Karls VII.

in Reims, der dadurch erst zum legitimen König wurde, das alles kam schlechthin einem »Wunder« gleich, das die französische Nation als solche konstituierte. Das tragische persönliche Schicksal Johannas – ihre Gefangennahme durch die Burgunder, die Auslieferung an die Engländer, die Verurteilung als Hexe und die schließliche Verbrennung in Rouen – konnte daran nicht nur nichts mehr ändern, es hat den Status dieser Nationalheiligen befestigt, lange bevor sie endlich im Jahr 1920 von der katholischen Kirche heiliggesprochen wurde. »Vaterland. Sie hatte es geschaffen, bevor das Wort erfunden war«[4], sagte Raymond Poincaré.

Aber damit greifen wir der Entwicklung weit vor. Denn die Wahrnehmung Johannas war für lange gekennzeichnet von der andauernden Spaltung des französischen Nationalbewußtseins. Ihr Kult hat erst im 19. Jahrhundert allgemeine Bedeutung erlangt und beschränkte sich anfangs auf den konservativen Teil der Bevölkerung. Katholisch, zum Teil auch monarchistisch geprägt, verstand man hier Johanna als Verkörperung des alten Frankreich, das treu zu Thron und Altar stand. Die »Jeanne d'Arc« war die »heilige Jungfrau«, womit sie schon von der Bezeichnung her an die Muttergottes heranrückte. In den Assoziationen fand sich so ein leichter Übergang zur in Frankreich auch stark verbreiteten Marienverehrung.

Der ganze Vorstellungszusammenhang wurzelte in spätmittelalterlichen Überlieferungen, in denen die drei entscheidenden Momente – die Berufung durch die »Stimmen«, die Befreiung Orléans und die Krönung des Königs – mit der dynastischen Geschichte verwoben worden waren. Das Bildprogramm, vor allem die Darstellung mit der Lilie oder der weißen Fahne des Königtums, entsprach genau dem nationalreligiösen Konzept, das die Traditionalisten wünschten. Johanna war für sie aber auch die »heilige Jungfrau« im Gegensatz zur »Schlampe«, der Verkörperung der Republik in Gestalt der »Marianne«, jenem leichtgeschürzten Mädchen mit der Jakobiner-Mütze, das man seit der Französischen Revolution in Abwandlungen immer wieder als Verkörperung Frankreichs darstellte. Hatten die Revolutionäre noch zu Beginn des Krieges gegen die Koalition der Fürsten ihr Denkmal eingeschmolzen, um Material für Kanonen zu erhalten, so begann man doch schließlich auch auf republikanischer Seite mit dem Versuch, die Gestalten der Marianne und der Johanna enger zusammenzurücken. In der Darstellung des Historikers Jules Michelet gewann sie endlich den Status einer Heldin für das ganze Volk, dessen Kontinuität jenseits der Verfassungsform Monarchie oder Republik außer Frage stand. Hier wandte man sich nicht nur gegen den Spott, mit dem Montesquieu oder Voltaire die »gute Lothringerin« überzogen hatten, man versuchte ihr Handeln auch aus dem religiösen Kontext zu lösen, betonte ihre ärmliche Herkunft und ihre nationale Gesinnung.

Erst nach der Niederlage von 1871 verschmolzen die konservativ-nationale und die republikanisch-nationale Deutung vollständig im Kult der Jeanne d'Arc.[5] Charles Peguy wird der Sänger dieses neuen Nationalismus sein, in dessen Glut die Liebe zum »alten Frankreich« des Bauerntums und der Kathedralen mit dem jakobinischen Furor zusammenflossen.

Wenn man die Ruhmeshalle des kleinen Museums betritt, das in der Militärakademie von Coëtquidan-Saint-Cyr eingerichtet wurde, steht man vor einer überlebensgroßen Frauengestalt in Bronze. Es handelt sich um die »*France*« des Bildhauers Antoine Bourdelle. Das Werk existiert in einer ganzen Reihe von Varianten und verkörpert eine dritte Form neben der Pucelle und der Marianne, in der Frankreich weiblich repräsentiert werden kann. »*La France*« ist die eher traditionelle, im Ansatz weniger polemische Darstellung, und sie verkörpert das überzeitliche Moment der »*France éternelle*«, des »ewigen Frankreich«. In Saint-Cyr wird dieser Eindruck noch besonders verstärkt durch den Fahnenschmuck, der um die Plastik herum angebracht ist. Es handelt sich um die Feldzeichen der Kadetten, die hier und in früheren Anstalten erzogen wurden. Die Abfolge kennt keine Lücke von den Zeiten des *Ancien Régime* über die Revolution, die Erste Republik, das Konsulat, die napoleonische Ära, die Restauration, das Juli-Königtum, die Zweite Republik, das Zweite Empire, die Dritte Republik, das Vichy-Regime, die Vierte Republik, die Fünfte Republik. In den vergangenen etwas mehr als zweihundert Jahren hat Frankreich ein gutes Dutzend Mal die Verfassung gewechselt, aber seine militärische Elite lernt sinnbildlich, daß der Soldat immer demselben Frankreich dient.

Dieses Moment der Kontinuität ist nicht einfach fiktiv, es wurzelt in einer bestimmten Auffassung der Nation, die sich im wesentlichen unverändert vom Mittelalter bis in unsere Gegenwart erhalten hat, für die die Schaffung eines französischen Staates eine wichtige Rolle spielte, aber doch nicht allein den Ausschlag gab. Es war auch von Bedeutung, daß die von den Kapetingern geschaffene Hausmacht – anders als etwa das Vielvölkerreich, das die Habsburger auf diesem Weg zustande brachten – ein ethnisch weitgehend homogenes Gebiet zusammenfaßte, dessen Einwohner seit dem 13. Jahrhundert gewohnt waren, sich als *Francigenae* oder *Franceis* zu bezeichnen.

Die Herleitung der »Franzosen« von den Franken war im Mittelalter allgemein akzeptiert. Man wußte, daß die Franken nach Galliern und Römern das Land unterworfen hatten, aber sie galten als legitime Erben der Römer. Einer verbreiteten Herkunftssage zufolge waren beide Völker Nachkommen der Trojaner, also gleichrangig. Im Anschluß an die Völkerwanderung, so glaubten die Chronisten, sei die gallo-römische Bevölkerung von den germanischen Franken ausgerottet oder über den Rhein vertrieben worden. Eine Vorstellung, die, wie die von der trojanischen Herkunft der Franken, erst im 16. Jahrhundert von den Gelehrten in Zweifel gezogen wurde. Mit der Wiederentdeckung der antiken Darstellungen zur Geschichte und Kultur der Kelten wuchs auch das Interesse an den gallischen Vorfahren. Die Bezeichnung »Franzose« konnte dadurch aber nicht mehr in Frage gestellt werden.

»Franzose« stand im Mittelalter allerdings immer hinter der Verbreitung der Landesbezeichnung *Francia* zurück. Daß die »Franzosen« eigentlich »Franken« seien, die Kapetinger als »dritte Dynastie« nach Merowingern und Karolingern in ungebrochener Folge das Reich regierten (der erste Kapetinger mit dem Namen Ludwig nannte sich deshalb Ludwig V.) und Karl der Große ganz selbstverständlich als »französischer« Herrscher – *nostre emperere magnes*[6] – betrachtet wurde, entsprach ebenso volkstümlicher Auffassung wie die Verschmelzung seiner Gestalt mit dem Heidenbesieger aus dem Rolandslied, in dem auch die *France dulce*, das »süße Frankreich«, besungen wurde.

Frankreich war damit schon seit dem Hochmittelalter die *patria*, das »Vaterland« der Franzosen[7], das Anspruch auf die Liebe seiner Landeskinder machen konnte und in der Stunde der Gefahr verteidigt werden mußte. Seit der zweiten Hälfte des 13. Jahrhunderts zogen die französischen Könige eine Steuer *ad defensionem patriae* ein. Philipp IV. verlangte sogar Kontributionen des Klerus mit der Begründung, das Geld diene der »... Verteidigung des heimatlichen Vaterlandes, welches das ehrwürdige Alter unserer Vorfahren zu verteidigen uns befiehlt, weil sie die Sorge für das Vaterland selbst der Liebe zu ihren Nachkommen voranstellten«[8].

Die Vorstellung, daß nicht nur der König als oberster Lehensherr, sondern die *patria* selbst – das Vaterland – Loyalität beanspruchen könne, mehr noch, daß das *pro patria mori* – der Tod für das Vaterland – ruhmvoll sei, bedeutete eine Wiederentdeckung des antiken politischen Ethos, allerdings in einer spezifischen, weil christlichen Umdeutung. Nach gewöhnlichem Sprachgebrauch lag die *patria* der Gläubigen im Himmel, für dieses Vaterland als Märtyrer zu sterben, wurde per se als verdienstlich betrachtet. Mit den Kreuzzügen hatte man aber die entsprechende Vorstellung auf eine irdische, gleichwohl »heilige« *patria* übertragen, was letztlich die weitere Entwicklung eröffnete. Parallel dazu wurde auch die Vorstellung vom *corpus mysticum*, das die Kirche mit Christus als Haupt bildet, auf die Nation übertragen, die nun gleichfalls als mystische Einheit der Vielen betrachtet werden konnte.

Die besondere Rolle, die religiöse Ideen für die Ausbildung des Nationalbewußtseins in Frankreich spielten, zeigt sich auch an dem besonderen Weg, den das »allerchristlichste Königreich« in seiner Kirchenpolitik beschritt. Im Konflikt mit dem Papst erhielt Philipp IV. 1302 von seinen Reichsständen ausdrücklich die Bestätigung für die Auffassung, daß seine Macht direkt von Gott gegeben sei und er dem Stuhl Petri in diesem Punkt keine Rechenschaft schulde. Von hier bis zu den »gallikanischen Freiheiten«, die gut hundert Jahre später die französische praktisch zu einer Nationalkirche machten, war es nur noch ein kleiner Schritt.

Der fürstliche Primat gegenüber der Kirche setzte sich auch in anderen Ländern Europas durch, aber nirgends entstand etwas, das der französischen *religion royale* vergleichbar gewesen wäre. Der Königskult hatte im Mittelalter zwei Zentren: das Kloster von Saint-Dénis, unweit von Paris, und die Kathedrale von Reims. Saint-Dénis war vor allem von Bedeutung, weil man hier seit merowingischer Zeit die Königslisten führte, womit die Kontinuität trotz der Dynastiewechsel symbolisch gesichert war. Der Patron des Klosters Saint-Dénis, der Heilige Dionysius, wurde seit dem Beginn des 12. Jahrhunderts als Patron Frankreichs verehrt, seine Fahne – die Oriflamme, die gleichzeitig als Feldzeichen Karls galt – neben dem Lilienbanner des Königs in der Schlacht mitgeführt. In Konkurrenz zu Saint-Dénis behauptete auch Reims seine Rolle als Schauplatz des Königskultes. Der Bischof der Stadt hatte das Krönungsrecht, und im Remigius-Kloster wurde die Ampulle mit jenem heiligen Öl verwahrt, das eine Taube bei der Taufe Chlodwigs – des ersten christlichen Königs der Franken – herabgebracht hatte, mit dem man nun die rechtmäßigen französischen Herrscher salbte. 1223 ließ Ludwig VIII. die Salbung in das Zeremoniell aufnehmen. Seither mußte jede Krönung in der Kathedrale von Reims stattfinden.

Ohne Zweifel haben die Kulttraditionen von Saint-Dénis und Reims und die mit ihnen verbundenen Vorstellungen von der besonderen Würde des Königs eine entscheidende Rolle bei der Entstehung des französischen Nationalbewußtseins gespielt, das zu Recht als »nationales Königsbewußtsein«[9] bezeichnet wurde. Ohne die kontinuierlich wachsende Macht des Königtums wäre dieser mittelalterliche französische Nationalismus aber kaum von Bedeutung gewesen. Nach dem Ende des Hundertjährigen Krieges, der in der Mitte des 15. Jahrhunderts allmählich versandete, und der Zerschlagung des burgundischen Reiches, das – ursprünglich nur von einer Nebenlinie der neuen Dynastie der Valois regiert – zu einem souveränen Staat aufgestiegen war, schien die Stellung des Monarchen unangreifbar. Die Zentralverwaltung war relativ weit entwickelt, die Gefahr innerer Unruhen, wie sie noch wenige Jahrzehnte zuvor das Land erschüttert hatten, schien gebannt. Ludwig XI., der von 1461 bis 1483 regierte, gilt denn auch vielfach als der »erste absolute Monarch Frankreichs«. Seine Regentschaft fällt in die Epoche von Humanismus und Renaissance, die einen neuen Bedeutungszuwachs der Nation mit sich brachten. Untrennbar verschmolzen die jetzt ausdrücklich an der Antike orientierten Vorstellungen von »Vaterlandsliebe« mit Ideen einer besonderen nationalen Sendung, die nur im Besitz von Machtmitteln erfüllt werden konnte.

In der Regierungszeit Ludwigs XI. bestand Frankreich aus einem kompakten territorialen Kern, der etwa zwei Drittel des Gesamtgebiets umfaßte und direkt dem König unterstand, das restliche Drittel war als Lehen an verwandte oder verschwägerte Fürsten ausgegeben, deren Unabhängigkeitswillen Ludwig aber radikal gebrochen hatte. Es zeigte sich darin der Vorzug, den Frankreich in der Ile de France als einer »wirklichen Zentrallandschaft«[10] besaß, einer Region, die gute Zugänge zu allen Landesteilen, mit Ausnahme der Grenzlandschaften der Alpen, des Jura, der Vogesen und der Pyrenäen ermöglichte. Ursprünglich durch den Zwang der Lage zum Ausharren in ihrer Residenz genötigt, konnten die Könige später im Pariser Becken eine Hauptstadt schaffen, die als zentraler Verwaltungsort geeignet war und die es ihnen ermöglichte, von hier aus den Zugriff auf die übrigen Landesteile vorzubereiten.

Trotz der großen Erschütterung, die die religiösen Bürgerkriege des 16. Jahrhunderts bedeuteten, wurde die territoriale Einheit Frankreichs nicht wieder in Frage gestellt. Die den Protestanten, den »Hugenotten«, überlassenen »festen Plätze«, die durchaus als Staaten im Staate wirkten, wurden von Ludwig XIII. gewaltsam wieder aufgehoben. Unter seinem Nachfolger, Ludwig XIV., verschwanden auch alle Binnenzölle, womit die politische und ökonomische Einheit des Landes hergestellt war, die Hugenotten zwang man zur Konversion oder zur Auswanderung. Die Einheit von Königtum, Glaube und gesetzlicher Ordnung bildet seitdem eine wesentliche Grundlage des französischen Staates.

Allerdings wäre diese innere Homogenität des Territoriums als Machtfaktor ohne Sicherung des Landes nach außen wenig wert gewesen. Obwohl die *Francia* als Erbin des Frankenreichs gelten sollte, hatten ihre Herrscher den ursprünglichen Gebietsumfang nirgends wahren können. Das gilt nicht nur in bezug auf die Ostgrenze, sondern auch im Westen, wo die spanische Mark früh verloren gegangen war und das Roussillon bis zum 15. Jahrhundert dem Königreich Aragon gehörte. Spanien galt bis in die Zeit Ludwigs XIV. als der eigentliche Feind Frankreichs. Es hatte in dieser Stellung aber nicht einfach England abgelöst, es drohte durch die Zugehörigkeit zum habsburgischen Imperium Frankreich ganz zu erdrücken.

Um der Einkreisung durch das Haus Habsburg, das für längere Zeit neben Spanien das Reich mitsamt den Niederlanden und einen erheblichen Teil Italiens regierte, zu widerstehen, war die französische Politik zu Winkelzügen bereit, die im übrigen Europa Entsetzen auslösten. Bereits Franz I. verbündete sich mit dem Osmanischen Reich gegen das neue Imperium, sein Nachfolger Heinrich II. ging mit dem anderen Feind der katholischen Kirche, den protestantischen Reichsfürsten, zusammen. Ludwig XIII. oder besser sein Premierminister Richelieu folgten diesem Beispiel, machten aber auch gemeinsame Sache mit den katholischen Reichsständen, die die Macht des Kaisers schmälern wollten, und schürten nach Kräften den innerdeutschen Zwist in Gestalt des Dreißigjährigen Krieges, um die Macht der Habsburger zu schwächen.

Es wird der Name Richelieu oft mit der französischen Forderung nach den »natürlichen Grenzen« in Verbindung gebracht. In einem als *Politisches Testament* des Kardinal-Herzogs bezeichneten Dokument hieß es denn auch unter Aufnahme der seit der Renaissance üblichen Gleichsetzung von Galliern und Franzosen: »Die Absicht meines Ministeriums war es, Gallien zu jenen Grenzen zu führen, die ihm die Natur vorbestimmt hat, den Galliern einen gallischen

König zu geben, Gallien und Frankreich zu durchdringen und überall da, wo das alte Gallien war, das neue wiederherzustellen.«[11] Das *Politische Testament*, das einige Jahre nach dem Tod Richelieus in Umlauf gebracht wurde, war allerdings nicht authentisch. Es stammte aus der Feder eines jener »guten Franzosen«, die der Regierung des jungen Ludwigs XIV. den Vorwurf machten, das Erbe des großen Politikers zu verraten, indem sie auf die Gewinnung der »natürlichen Grenzen« Frankreichs – Pyrenäen, Atlantik, Kanal, Rheinlinie, Alpen, Mittelmeer – verzichtete.

Die Vorstellung von »natürlichen Grenzen« stellte seit dem 17. Jahrhundert ein wichtiges Argument in der historisch-politischen Literatur Frankreichs dar. Dabei war für den Verweis auf die »natürliche Grenze der Gallier« gar kein Rekurs auf das Testament Richelieus nötig; mit diesem Topos wurde jeder Gebildete durch die Lektüre Caesars und Strabons in den Kollegien vertraut gemacht. Die territoriale Gestalt Frankreichs hatte sich dem Ideal seit dem Ende des Mittelalters schon sehr weit angenähert. Bereits 1532 war die Bretagne an Frankreich gefallen, im Süden fehlte nur noch ein kleinerer Teil der Riviera, um die Mittelmeerküste zwischen Spanien und Italien ganz in französischer Hand zu vereinigen, das Gebiet um Perpignan wurde unter Ludwig XIV. endgültig angegliedert. Im übrigen läßt sich aber kaum feststellen, daß dieser außenpolitisch so aktive Herrscher besondere Anstrengung darauf verwendet hätte, das Programm der »natürlichen Grenzen« zu realisieren.

Das ist besonders gut an der Ostgrenze Frankreichs zu erkennen, die am häufigsten Ziel der kriegerischen Vorstöße war. Die im Vertrag von Verdun 843 festgelegte Teilungslinie hatte sich über mehrere Jahrhunderte als relativ stabil erwiesen. Zwar gab es schon unter den ersten Kapetingern Versuche, ihren Einfluß in diese Richtung zu erweitern, aber sie blieben ohne Erfolg. Dann fielen Teile des Arelat, das zum Reich, aber nicht zu dessen Kernbestand gehörte, an Frankreich. Die Bischöfe von Toul und Verdun traten unter den Schutz des französischen Königs, der von Toul sogar mit ausdrücklicher Billigung Rudolfs I., weil der Kaiser fand, daß das Gebiet zu weit entfernt sei, um sich dafür stärker zu engagieren.

Bis zum 15. Jahrhundert waren die Interessen der französischen Dynastie durch den Konflikt mit England immer sehr stark im Süden, im Westen und im Norden konzentriert. Wiederholte Versuche während des ganzen Mittelalters, Lothringen zu gewinnen, blieben ohne Erfolg. Die Lage änderte sich erst 1477 beim Zusammenbruch Burgunds nach dem Tod Karls des Kühnen, wodurch die direkte Konfrontation mit den Habsburgern im Osten heraufbeschworen wurde. Wie überwältigend die Bedrohung durch das Reich damals noch erscheinen konnte, ist der Notiz des Staatsmanns und Historikers Philipp de Commines zu entnehmen, der vermerkte: »Deutschland ist ein so großes und mächtiges Gebilde, daß es fast unglaublich ist.«[12]

Das Kräfteverhältnis wandelte sich aber nachhaltig durch die konfessionellen Auseinandersetzungen im Reich. Seither galt der Grundsatz, daß die Schwäche Deutschlands eine unabdingbare Voraussetzung französischer Größe sei. Der erste, der diesen Zusammenhang zur Maxime seiner praktischen Politik machte, war Richelieu. Richelieu hat gegenüber seinem König aus dem Fernziel einer französischen Hegemonie auf dem Kontinent, sogar einer französischen »Weltherrschaft« keinen Hehl gemacht, sich aber in praktischen Fragen am Machbaren orientiert.

Zu den politischen Nahzielen gehörte für ihn, daß Frankreich »… auf nichts anderes denken [dürfe], als im Inneren stark zu werden, nach außen aber Tore zu errichten und sie zu öffnen, um zu allen Nachbarn Zugang zu haben«[13].

Als solche »Tore« erschienen im Osten Metz und damit Lothringen sowie Straßburg und damit das Elsaß. Unmittelbar nach Richelieus Tod, 1642, war dann das linke Rheinufer moselabwärts samt einigen rechtsrheinischen Positionen in französischer Hand, aber bei Abschluß des Westfälischen Friedens konnte diese Position nicht gehalten werden. Es verblieben nur die lothringischen Städte Metz, Toul und Verdun mit den dazugehörigen Bistümern sowie der Besitz der Habsburger im Elsaß. Als wichtigster Gewinn mochte der Brückenkopf Breisach gelten.

Ludwig XIV. hat dann später seine Energie wesentlich stärker auf die Eroberung der Spanischen Niederlande und der Generalstaaten konzentriert als auf Elsaß und Lothringen. Das gilt trotz der »Raubkriege« von 1667, 1672 und 1689 sowie der Annexionen mitten im Frieden, denen 1681 Straßburg zum Opfer fiel. Der König zeigte sich auch bereit, die gewonnenen Gebiete, selbst solche, die ihm schon in Münster zugeschlagen worden waren, je nach den Umständen zu behalten oder wieder herauszugeben. Als Ludwig starb, war die Ostgrenze Frankreichs immerhin deutlich vorverlegt worden und begann im Norden etwa 30 Kilometer westlich von Ostende, verlief dann in südöstlicher Richtung, bis sie südlich von Speyer den Rhein erreichte und diesem dann stromaufwärts weiter folgte. Eine präzise Grenze im modernen Sinn war das allerdings nicht, denn gerade die elsässischen Gebiete standen in sehr unterschiedlichen Rechtsverhältnissen zur französischen Krone.

Die Pläne des »Sonnenkönigs« gingen immer über »natürliche Grenzen« hinaus. Seine Absicht, sich in den Besitz des Kaisertitels zu bringen, der Versuch, mit Hilfe des »Rheinbunds« von 1658 noch stärkeren Einfluß auf das Reich zu nehmen und die Vorstellung, Spanien durch die Thronfolge eines Bourbonen zu einem Nebenland Frankreichs zu machen, dessen riesiges Kolonialgebiet die Basis für eine neue Universalmonarchie schaffen würde, das alles zeigt deutlich, daß seine Ziele weiter gesteckt waren.

Es ist das Hochfliegende dieser Projekte, das dazu geführt hat, daß das ludovicische Zeitalter nicht nur in den Augen französischer Nationalisten als *grand siècle* gilt. Diese Einschätzung geht einmal auf die Zumutungen zurück, denen der französische Patriotismus unter den Nachfolgern dieses Monarchen im 18. Jahrhundert ausgesetzt war, und hängt auch zusammen mit einer gewissen Trübung des Blicks für die gigantischen Folgelasten, die Ludwig seinem Land durch seine zahllosen Feldzüge und seine kostspielige Repräsentation auflud. Die spätere Bewunderung für diesen Monarchen beruht vor allem auf der Wahrnehmung, daß es ihm gelang, den Anspruch der französischen Kultur auf Klassizität und Vorbildlichkeit in ganz Europa durchzusetzen. Die oft bewunderte Literatur Frankreichs, die Ausstrahlung seines zivilisatorischen Modells auf Architektur, Kleidung und Sitte über mehr als einhundert, in einigen Ländern mehr als zweihundert Jahre, muß tatsächlich als ein besonders bemerkenswertes Faktum betrachtet werden, das die stärkste Wirkung auf das nationale Selbstbewußtsein der Franzosen hatte.

Das gilt, obwohl der König selbst die Bedeutung eines tatsächlich die ganze Bevölkerung erfassenden Nationalbewußtseins völlig verkannte. »Die Nation«, erklärte er, »bildet in Frankreich keine Körperschaft, sie beruht ausschließlich in der Person des Königs«. Das fand lediglich im Adel vorsichtigen Widerspruch, der behauptete, neben dem Herrscher auch zu den »natürlichen Organen der Nation« zu gehören. Alle anderen Stände blieben aber faktisch ausgeschlossen.[14]

Erst in der letzten Phase des *Ancien Régime*, unter der Herrschaft Ludwigs XVI., gab es vorsichtige Versuche, diese restriktive Haltung aufzugeben. Es wuchs die Einsicht der politischen Führung, daß der Staat der Unterstützung der Nation im Sinne der Gesamtheit der Untertanen bedürfe. Dabei erkannte man auch die Bedeutung der großen Unterschiede zwischen den einzelnen Provinzen. Noch in der zweiten Hälfte des 18. Jahrhunderts sprachen und verstanden nur etwa siebzig Prozent der Einwohner des Königreichs französisch, die übrigen benutzten örtliche Dialekte oder aber eigenständige Sprachen wie das Bretonische, das Baskische, das Occitanische, Varianten des Italienischen (auf Korsika und an der Riviera), das Flämische (in Teilen des Artois) oder das Deutsche (im Elsaß und in Teilen Lothringens).

Die Vielsprachigkeit war schon früher als Hindernis für die Einheit der Nation wahrgenommen worden. Seit dem späten Mittelalter gab es ein stolzes Bewußtsein von der kulturellen Überlegenheit der französischen Hochsprache, das bereits Ludwig XI. dazu gebracht hatte, Ansprüche auf Flandern mit der Frankophonie der Wallonen zu begründen[15]; 1539 erging eine Anordnung Franz I., alle Gesetze in französischer Sprache aufzuschreiben und zu verkünden. Damit sollte vor allem die sprachliche Einheit von Nord und Süd vollzogen werden. Aber die Wirklichkeit sah oft genug anders aus, denn die örtlichen Mundarten, der *patois*, wurden weiterhin im täglichen Umgang gebraucht. Allerdings war man zur Zeit Ludwigs XVI. optimistisch genug, daß im »Schmelztiegel« *(creuset)*[16] Frankreich die einzelnen Völker allmählich aufgehen würden, angezogen vom Charme der französischen Lebensweise. Wie weit diese Hoffnung berechtigt war, kann man einer Bemerkung Alexis de Tocquevilles in seinem berühmten Werk *L'Ancien Régime et la Révolution* entnehmen, der schreibt, daß Frankreich am Ende des 18. Jahrhunderts in Europa ein Land war, wo die Menschen »... einander so ähnlich geworden waren, daß es genügt hätte, sie die Stellen wechseln zu lassen, um sie nicht wiedererkennen zu können ... alle waren bereit, sich zu einer Masse zu verschmelzen, vorausgesetzt, daß niemand etwas Besonderes hätte und nicht über das allgemeine Niveau hinausragte«[17].

Die Bedeutung der Revolution

Wenn im vorstehenden Kapitel die Kontinuität als wesentliches Merkmal der französischen Nation betont wurde, so dürfte sich gegen diese Auffassung sofort Widerspruch erheben, der darauf hinweist, daß Frankreich erst durch die Revolution eine Nation geworden sei, mehr noch, daß das Zeitalter der Nationen im Grunde auch erst 1789 begonnen habe. Tatsächlich ist an diesem Einwand soviel richtig, daß die »Grenzen der nationbildenden Wirkung des Staates«[18] unter anderem bestimmt werden durch die Entstehung einer selbstbewußten Gruppe in der Bevölkerung, die sich auch gegen oder ohne die bisherige oberste politische Autorität als »Nation« begreift.

»Auf dem Altar erscheint ihnen das große Vaterland, öffnet seine Arme weit und will sie an sein Herz ziehen. Da werfen sich alle an seine Brust, alle vergessen sich und wissen von Stund an nicht mehr, welcher Provinz sie entstammen. Verlassene und verlorene Kinder haben eine Mutter gefunden; weit mehr sind sie, als sie meinten: sie waren so demütig, sich für Bretonen und Provencalen zu halten – nein, ihr Kinder, merket wohl, ihr ward Frankreichs Söhne, es selbst nennt euch so, die Söhne der großen Mutter, die in der Gleichheit Nationen gebären soll ... Ist das alles nicht ein Wunder? Ja, das größte und einfachste: die Rückkehr zur Natur.«[19] Mit diesen Worten beschrieb Jules Michelet in seiner mehrbändigen *Geschichte der französischen Revolution* die Atmosphäre in der ersten Phase des Umbruchs, nach dem Tumult des Sommers 1789 und der anschließenden großen Föderation der alten Provinzen, die in der Annahme geschah, es werde Frankreich nun als eine Nation aus brüderlichem Geist wiedergeboren.

Michelet gehörte zu den Mitbegründern jener Historikerschule, die im 19. Jahrhundert die ganze Revolution aus sympathisierender Sicht darstellte und äußerstenfalls bereit war, gewisse Fehlentwicklungen zu konzedieren, aber keine prinzipielle Infragestellung zuzulassen. In dieser Perspektive waren die Ereignisse in Frankreich nicht nur die Folge der Dekadenz des *Ancien Régime*, sie bildeten auch die Konsequenz einer geistigen Entwicklung, die sich seit langem angebahnt hatte.

Die »Nation« war in Frankreich während des 18. Jahrhunderts vor allem eine Parole der Opposition. Zuerst bedienten sich die »Parlamente« – adelige Gerichtshöfe, die das Recht besaßen, die königlichen Gesetze zu registrieren und dadurch überhaupt erst in Kraft zu setzen – der Behauptung, daß sie die »Nation« und ihre historischen Rechte verträten.

Aber das änderte sich mit dem wachsenden Einfluß der »Patrioten«, jener Gruppe, die sehr stark durch das Ideengut der Aufklärung bestimmt war und eine Vorstellung reklamierte, der zu Folge die Nation sich selbst regieren müßte und nur aus Gleichen bestehen dürfe.

Die Aufklärung hatte ein ganzes Repertoire an weltbürgerlichen Ideen bereitgestellt, vor allem naturrechtlich begründete Aussagen über den Menschen, die dessen nationaler Zugehörigkeit nur eine mindere Bedeutung zumaßen. Aber bei aller Blindheit gegen das vitale Moment des Nationalen hat doch bloß eine Minderheit unter den Aufklärern den Gedanken des Vaterlandes und der Vaterlandsliebe als solche in Frage gestellt. Allerdings galt den Patrioten die Nation als Aggregat von einzelnen, die sich durch einen »Gesellschaftsvertrag« zusammengeschlossen hatten, um bestimmte Rechte durchzusetzen und zu wahren. Deren nationale Besonderheit wurde keineswegs bestritten, sondern zurückgeführt auf die Umstände von Landschaft, Klima, Abstammung, Ernährung und historische Wechselfälle. Doch sah man in diesen Kontingenzen eine Hürde für den Vernunftstaat und bedauerte, daß sich so viele Hindernisse in den Weg stellten, die ideale Verfassung nicht nur für eine Nation, sondern allgemein zu verwirklichen.

Wurde die herrschende *raison d'état* von den Aufklärern angefeindet, so teilten sie doch mit ihrem Gegner die Ausgangsbasis im politischen Rationalismus. Denn auch die Staatslehre des 18. Jahrhunderts suchte die Bedeutung der im weitesten Sinn nationalen Zugehörigkeit zu vermindern oder zu zerstören. Adlige wie Gemeine dienten unbesorgt in fremden Staaten, sahen auch kein moralisches Dilemma darin, gegen ehemalige »Landsleute« zu kämpfen. Politischer Rationalismus äußerte sich in der geopolitischen Flurbereinigung, die in dieser Zeit zu einer erheblichen Reduzierung der Staatenmenge in Europa führte. Neben den bekannten polnischen Teilungen, die nach zwei vorangegangenen Beschneidungen des Territoriums schließlich 1795 zum völligen Verschwinden des polnischen Staates führten, gab es zahllose andere Beispiele für eine ganz vernünftige – weil den Interessen der Beteiligten dienliche – Abtrennung, Verschiebung oder Neugliederung von Herrschaften: Zwischen 1731 und 1738 fiel Parma, dessen Dynastie ausgestorben war, zuerst an Spanien, dann an Österreich, um schließlich einer jüngeren Linie der ursprünglichen Herrscherfamilie übergeben zu werden. Sardinien, das zuerst Spanien erhalten sollte, ging 1714 an Österreich und 1720 an Savoyen. Die Verträge von Utrecht gaben Neapel an Österreich und Sizilien an Savoyen, das es 1720 gegen Sardinien austauschte. Österreich vereinte kurzfristig beide Kronen, um sie 15 Jahre später an die Bourbonen auszuliefern.

Wenn in dieser Zeit irgend jemand die Problematik einer über die Nationen hinweggehenden Politik erkannte, dann der Philosoph Jean-Jacques Rousseau. Obwohl seine Staatsauffassung in vielen Stücken utopisch war, ist doch nicht zu bestreiten, daß er zu ausgesprochen wertvollen Einsichten kam. So erklärte er im Zusammenhang mit der an ihn ergangenen Aufforderung, dem polnischen Staat eine Verfassung zu schaffen, daß eine gute Verfassung für die Polen nur das Werk der Polen sein könne, man müsse dem Nationalcharakter unbedingt Rechnung tragen. Im übrigen maß Rousseau der Nationalerziehung eine bedeutende Aufgabe zu und glaubte, daß man eine solche Volkspädagogik nur dann verwirklichen könne, wenn es gelänge – ähnlich dem Vorbild der antiken Polis – die Liebe zum Vaterland in den Herzen aller Bürger zu verankern.

Rousseau empfahl an anderer Stelle den Korsen für ihre Konstitution, keine Einbürgerungen vorzunehmen und eifersüchtig auf die nationale Geschlossenheit der Einwohnerschaft zu achten. Er, der den größten Teil seines Lebens in der Fremde verbrachte, warnte außerdem vor den Weltbürgern: »Mißtraut den Kosmopoliten, die in der Ferne und ihren Büchern die Pflichten suchen, deren Erfüllung sie zu Hause verachten. So mancher Philosoph liebt die Tartaren, um davon entbunden zu sein, seine Nachbarn zu lieben.«[20] Und weiter: »Die Liebe für die Menschheit vermittelt viele Tugenden, wie die Sanftmut, die Rechtlichkeit, die Mäßigung, die Mildtätigkeit, die Nachsicht, aber sie inspiriert nicht den Mut und nicht die Festigkeit usw. Sie gibt den Menschen auch nicht jene Energie, die sie von der Vaterlandsliebe erhalten; die sie bis zum Heldentum erhebt.«[21] Noch Rousseaus Vorbehalte gegen das Christentum wurzelten in dessen mangelhafter Eignung zur patriotischen Bürgerreligion.

Viele Führer der Französischen Revolution waren durch die Schriften Rousseaus beeinflußt. Aber der Versuch, dessen Vorstellungen in die Wirklichkeit zu übersetzen, begegnete erheblichen Schwierigkeiten. Rousseau hatte wie praktisch alle politischen Theoretiker des 18. Jahrhunderts angenommen, es müsse als Grundlage jeder Neuordnung ein »Gesellschaftsvertrag« geschlossen werden. Das setzte mündige und vernünftige einzelne voraus, die die Notwendigkeit eines solchen Schrittes begriffen. Rousseau blieb dabei aber nicht stehen, sondern postulierte, die vielen würden sich in einem Willen wiedererkennen, der von ihm so genannten *volonté générale*. Damit war die Einheit der Nation etwas, das gleichzeitig Voraussetzung (Bereitschaft, den Gesellschaftsvertrag abzuschließen) und Ergebnis (Gemeinwille) des politischen Prozesses sein sollte.

Daß die Revolutionäre glaubten, im Auftrag der *volonté générale* gehandelt zu haben, ist schon in Artikel 3 der Erklärung der Menschen- und Bürgerrechte vom 26. August 1789 zu erkennen, wo es ganz gemäß der Argumentation Rousseaus hieß: »Der Ursprung jeder Souveränität ruht letztlich in der Nation. Keine Körperschaften, kein Individuum können eine Gewalt ausüben, die nicht ausdrücklich von ihr ausgeht.«[22] Allerdings war diese Nation nicht der *peuple français*, das »französische Volk«, denn die Repräsentanten des alten Dritten Standes, die sich dann zur »Nationalversammlung« erklärten, beschränkten die politischen Rechte ausdrücklich auf die einen gewissen Steuersatz bezahlenden Bürger.

Der negative Beigeschmack, den das Wort *peuple* besaß, das sich auch als »Pöbel« oder *canaille* verstehen ließ, hatte eine lange Geschichte, und bezeichnenderweise gab es im ganzen 18. Jahrhundert eine starke Tendenz des Bürgertums, die eigene Zugehörigkeit zum »Volk« zu überwinden und der Zugehörigkeit zur »Nation« eine auszeichnende Bedeutung zu geben. Die Liberalen, die in der ersten Phase der Revolution das Geschehen beherrschten, betrachteten sich auch ausdrücklich als Interessenvertreter der Bourgeoisie und wollten an dieser Einteilung nicht nur nichts ändern, sondern ausdrücklich eine Verfassung schaffen, die an die Stelle der ständischen Gliederung eine solche in Vermögensklassen vorsah.

Das änderte sich erst mit der zunehmenden Demokratisierung nach dem Ende der Monarchie, als auch die große appellative Kraft der Berufung auf die Nation immer deutlicher wurde. Die geänderte Verfassung vom 24. Juni 1793 stellte in Artikel 25 der neu formulierten Menschen- und Bürgerrechte fest: »Die Souveränität ruht im Volk *[peuple]*; sie ist einheitlich und unteilbar, unverjährbar und unveräußerlich«, und in Artikel 7 der Konstitution hieß es verdeutlichend: »Das souveräne Volk *[peuple]* ist die Gesamtheit aller französischen Bürger.«[23]

Allerdings trat die Verfassung von 1793 niemals in Kraft. Die Bedrohung des Landes durch die Koalition von außen und ein Bürgerkrieg im Inneren führten dazu, daß die Jakobiner, die Partei der radikalen Republikaner, ihre Vorstellung von »Volksherrschaft« nicht verwirklichen konnten. Trotzdem hatte die Idee der *nation sans-culotte* gravierende Folgen für die ganze weitere Entwicklung des nationalen Gedankens, nicht nur in Frankreich, sondern in Europa und dann in der Welt. Die Ursache dafür liegt in dem Totalitätsanspruch, der hier zum ersten Mal mit dem Begriff der Nation verknüpft wurde. Auch dafür konnten sich Robespierre und andere jakobinische Führer auf Rousseau berufen. Sie schoben nur den individualistischen Begriff der Nation – begründet durch die freiwillige Übereinkunft der vielen einzelnen – beiseite und ersetzten ihn durch einen kollektivistischen: Die Nation als eine alle Bürger vollständig umfassende und erfassende Einheit. Hatte die Revolution die Scheidelinie zwischen König und Untertanen ausgelöscht, so zog sie andere Grenzen um so deutlicher: die zwischen der Nation und ihren Feinden.

Unter dem Schlachtruf »Vive la nation!« hatten die Heere der Republik bei Valmy zum ersten Mal einen Sieg über das alte Europa errungen, jetzt wurde er zur Parole der Jakobiner, die aber nicht nur mit Härte gegen den militärischen Gegner vorgingen, sondern alle die aus der Nation ausstießen, die ihr als »Aristokraten« oder deren Verbündete erschienen. Das waren nicht nur jene, die tatsächlich konterrevolutionäre Absichten hegten – also Mitglieder adliger Familien, Kleriker, große Teile der Bauernschaft –, sondern jeder, der sich in irgendeiner Weise als »Antipatriot« verdächtig gemacht hatte: wer im Besitz von Münzen mit dem Bild des Königs war, wer Spitzenjabots trug, wer versucht hatte, Mehl vor der Requisition zu verstekken. Daneben gab es aber auch ganze Gruppen, die man insgesamt und ohne Unterschied verdächtigte: so die Ausländer, die als Anhänger der revolutionären Ideen nach Paris gekommen waren und nun für ihre Begeisterung mit dem Tod unter der Guillotine büßten, weiter die Juden, die man nicht nur für eine »andere Nation« hielt, sondern auch für die gegebenen Verbündeten der Reichen, schließlich diejenigen, die an der tradierten Religion festhielten. Man geht davon aus, daß in den Jahren jakobinischer Herrschaft, zwischen 1793 und 1794, etwa fünfhunderttausend Menschen ihr Leben verloren haben, weil sie dem Eifer für die *nation une et indivisible* zum Opfer fielen.

Einen großen Teil der Opfer hatten die Bewohner der Vendée und der Bretagne zu beklagen, die wegen des Versuchs, sich gewaltsam gegen die Maßnahmen der Revolution zu wehren, ganz ausgerottet werden sollten. Einen kleineren Teil stellten die südlichen Teile des Landes. In beiden Fällen spielten religiöse und politische Traditionen eine Rolle. Aber das dort noch bestehende Sonderbewußtsein hing auch mit dem Fortbestand eigener Sprachen zusammen. Die Sprachpolitik der Republik war entschlossener als die der Monarchie, mit diesem Eigenleben ein Ende zu machen. Sie ging mit außerordentlicher

Härte vor, um die »Sprache der Revolution« allgemein durchzusetzen. Die Revolution sprach französisch und ihre Sitten waren französische. Am »25. Brumaire, Jahr zwei der einen und unteilbaren Republik« erließ Saint-Just, einer der Vertrauten Robespierres und »Repräsentant des Volkes«, in Straßburg folgende Verordnung: »Die Bürgerinnen von Straßburg werden aufgefordert die deutschen Moden aufzugeben, da ihre Herzen französisch sind.«[24]

Es kam in den jakobinischen Maßnahmen eine Vorstellung von nationaler Homogenität zum Ausdruck, die ohne Beispiel war. Die Verfassung von 1793 betrachtete die Nation als ein Ganzes, und das demokratische Wahlrecht galt als notwendige Voraussetzung dieser Einheit. Abgeordnete repräsentierten nicht irgendwelche Landesteile oder Wählergruppen, sondern immer das ganze Frankreich, die eine und unteilbare Republik. Während durch zwei Proklamationen vom November und Dezember 1792 die Völker Europas ausdrücklich aufgefordert worden waren, sich gegen ihre Unterdrücker zu erheben und das Joch abzuschütteln, mehr noch, sich notfalls mit Teilen des Staatsgebiets loszureißen und Frankreich anzuschließen, wurde umgekehrt die Todesstrafe angedroht für jeden Versuch, das nationale Territorium aufzuteilen oder Gebiete abzuspalten. Die Nation sollte durch eine ausdrücklich an das spartanische Beispiel erinnernde Erziehung zu Bürgertugend und nationaler Geschlossenheit gezwungen werden. Rousseaus Anschauung von der *volonté générale* war nur zu verwirklichen durch dauernde »Säuberung« des Volkskörpers. Allein derjenige sei wirklich ein Bürger Frankreichs, folgerte Robespierre, der sich einer »Umschaffung«[25] unterwerfe, die ihn zum Glied der neuen Nation mache und an deren Substanz teilhaben lasse.[26]

Der Fanatismus, mit dem diese Ziele verfolgt wurden, kann kaum anders als in religiösen Kategorien gedeutet werden. Der amerikanische Historiker Crane Brinton bezeichnete die Jakobiner in seiner klassischen Studie als »Sekte«, die eine »politische Theologie« verfochten habe[27], gekennzeichnet von der Verteufelung des Feindes, einem tröstlichen Determinismus, der den Sieg der guten Sache für unvermeidlich hielt, und einem kaum begreifbaren Mangel an gesundem Menschenverstand. Kern dieses Glaubens war aber die Vorstellung von der Sendung der französischen Nation und die Überzeugung, daß nach der notwendigen Reinigung durch den Terror alle Glieder dieser Nation ihre von der Geschichte gestellte Aufgabe erfüllen würden: Der einzelne schuldete seine ganze Existenz und im Zweifelsfall auch das Leben dem Vaterland – der Kult des Todes nahm unter den Jakobinern makabre Züge an –, er hatte die Revolution nach außen zu verteidigen und ihre Ideen über den Planeten auszubreiten.

Einer der Vertreter der Linken, der Montagnard Chaumette, hatte schon im Herbst 1792 die Ansicht geäußert: »Das Gebiet, das Paris von Petersburg und Moskau trennt, wird bald französisiert ...«[28], aber sonst waren die Revolutionäre schwankend in der Frage, ob weitergehende Eroberungen eigentlich wünschenswert seien. Wenige Monate später sagte Danton ganz im Sinn der älteren Doktrin, die Grenzen der Republik seien »... durch die Natur festgelegt. Wir werden sie in allen Himmelsrichtungen erreichen: am Rhein, am Ozean, an den Alpen. Darüber hinaus sollen sich die Grenzen unserer Republik nicht erstrecken.«[29] Zwei Jahre später waren diese »natürlichen Grenzen« faktisch erreicht, aber die Armeen der Republik blieben nicht auf den erreichten Linien. Das neue Zeitalter, dessen Anbruch Robespierre verkündet hatte, war nur denkbar, wenn die Revolution nach außen gewaltsam durchgesetzt wurde, in einem Weltbürgerkrieg, bei dem Frankreich in allen Ländern Verbündete in den »Freiheitsfreunden« haben würde. Die Sache Frankreichs war dabei mit der Sache der Menschheit identisch, und die feindlichen Heere bestanden aus »Sklaven«, denen nicht der Rang eines menschlichen Individuums zukam: 1794 wurde angeordnet, daß bei Kämpfen mit den Heeren der Koalition keine Gefangenen mehr gemacht werden sollten.[30]

Obwohl der jakobinische Furor sich relativ rasch erschöpfte, prägte das für ihn so typische Ineinander von Nationalismus und Universalismus ganz wesentlich das französische Selbstverständnis. Die Jakobiner hatten die Massen erfolgreich mit dem Glauben erfüllt, daß sie im »Land der Freiheit« lebten, der Heimat aller wahren Menschen, und daß sie der *grande nation* angehörten.

Ein großer Teil von Napoleons politischem Erfolg geht darauf zurück, daß er diese neue Form des französischen Nationalismus benutzte und daß es ihm gelang, einen gewissen Ausgleich zwischen dem jakobinischen – er hatte zu den Parteigängern Robespierres gehört – und dem traditionellen Frankreich herzustellen. Der Kompromiß kam sinnfällig im Konkordat mit dem Heiligen Stuhl und der Teilnahme des Papstes an seiner (Selbst)Krönung zum Ausdruck. Dabei kann gar kein Zweifel bestehen, daß Napoleon die Religion lediglich für ein wirkungsvolles Mittel sozialer Kontrolle hielt und keinesfalls daran dachte, die geistliche Überlieferung Frankreichs wiederzubeleben. Er hatte zu dogmatischen Fragen ein ähnlich instrumentelles, um nicht zu sagen: zynisches, Verhältnis wie zur Nation selbst. Aber er betrachtete beide als nützlich, mehr noch: als notwendig, um Menschen über ihre Grenzen hinauszutreiben. Der neue Cäsar hielt sich wie Robespierre für die Verkörperung der *volonté générale,* aber er wußte auch um die Lebenskraft des traditionellen Frankreich, das ihm das »Kanonenfutter«[31] für seine hochfliegenden Pläne lieferte. Die Existenz der Individuen zählte für ihn nicht, sie schuldeten ihr Leben ganz dem Vaterland.

Der Ruhm Napoleons auch nach Niederlage, Verbannung und Tod speiste sich aus der Tatsache, daß er die französische *grandeur* zu einer nie gekannten Höhe geführt hatte. In seinem Imperialismus mischten sich untrennbar das Sendungsbewußtsein der Revolution – etwa wenn der Feldzug gegen Spanien mit dem Kampf gegen Obskurantismus und Klerikalismus gerechtfertigt wurde – und neue Herrschaftsansprüche, die er vor allem aus dem römischen Modell ableitete. Die Erinnerung daran, daß Frankreich einmal den Kontinent beherrscht hatte und sein eigentliches Staatsgebiet dabei über Belgien und die Niederlande bis weit nach Norddeutschland, über die Schweiz bis nach Norditalien und die adriatische Küste gereicht hatte, ging nie ganz verloren, und erklärt, warum in der ersten Hälfte des 19. Jahrhunderts Republikaner und Monarchisten, Laizisten und Konservative entschlossen waren, die »Verträge von 1815« nicht zu akzeptieren. Von dem Liberalen Adolphe Thiers stammt die Behauptung, wenn man ihn im Revolutionsjahr 1848 hätte gewähren lassen, so wäre die Ostgrenze Frankreichs bis nach Mainz vorgeschoben worden, und Paris hätte die Schlüssel zu den Geschicken Deutschlands in Händen gehalten.[32]

Anspruch auf den Vorrang in Europa und humanitäres Pathos haben sich seit der Revolution immer wieder mit einem intransigenten Nationalismus verbunden, aber auch Betrachter an ein anderes Frankreich erinnert, das nicht als »Mutter der Revolution«, sondern als »erste Tochter der Kirche« den vornehmsten Platz unter den europäischen Nationen einnehmen wollte. Das Ineinander von Altem und Neuem, Religiösem und Weltlichem fand seinen Niederschlag in gar nicht untypischer Naivität auch bei einem Dichter wie Victor Hugo:

Das ist der Engel Gottes
Am blauen Himmel,
Sein großer Flügel,
Schützt mit Stolz
Die Menschheit.
Sein Name ist Frankreich
Oder Freiheit.«[33]

Die beiden Rassen

Die Vorstellung, daß Frankreich durch die Könige die Einheit von Staat, Territorium und Sprache erhielt und so allmählich zur Nation im modernen Sinn des Wortes heranreifte, bis schließlich das Korsett der Monarchie überflüssig geworden war, gehört zu den Stereotypen der französischen Geschichtsschreibung. In dieses Schema passen allerdings gewisse Faktoren nicht hinein, die zumindest im ganzen 19. Jahrhundert eine Rolle für die französische Diskussion der nationalen Identität gespielt haben.

Was damit gemeint ist, läßt sich klassisch an dem berühmten Traktat des Abbé Sieyès *Qu'est-ce que le tiers-Etat?* – Was ist der Dritte Stand? ablesen, der

1789 am Vorabend des Zusammentritts der Generalstände veröffentlicht wurde. Viele kennen die rhetorischen Fragen nach dem Wesen des Dritten Standes, die Sieyès schließlich dahingehend beantwortete, daß der Dritte Stand die Nation bilde: nicht der Adel und nicht der Klerus, die sich durch ihre Privilegien von der Nation absonderten, und – möchte man hinzusetzen – auch nicht der *peuple*, der keine oder zu wenig Steuern zahlte und somit unproduktiv war. Die Argumentation von Sieyès wies allerdings noch einen anderen, nur sehr selten erwähnten Aspekt auf. So heißt es im Fortgang des Textes: »Wir wollen hier nicht den Zustand der Knechtschaft, in dem das Volk so lange geseufzt hat, untersuchen und ebensowenig den des Zwanges und der Erniedrigung, in dem es noch festgehalten wird. Seine bürgerliche Lage hat sich geändert, sie muß sich aber noch weiter ändern: es ist ganz unmöglich, daß die Nation als Ganzes, ja sogar daß irgendeine einzelne Klasse frei wird, wenn es der dritte Stand nicht ist. Man ist nicht frei durch Privilegien, sondern durch die Rechte, die allen gehören.

Falls nun die Aristokraten es unternehmen, das Volk … in der Unterdrückung festzuhalten, dann wird es sich die Frage erlauben: nach welchem Rechte? Wenn man antwortet: nach dem Rechte der Eroberung, so muß man zugeben, daß dies ein wenig weit zurückgehen heißt. Aber der dritte Stand braucht nicht zu fürchten, in vergangene Zeiten zurückzugehen. Er braucht sich nur in das Jahr zurückzuversetzen, das der Eroberung vorherging, und weil er heute stark genug ist, um sich nicht erobern zu lassen, wird ohne Zweifel sein Widerstand wirksamer sein. Warum sollte er nicht alle diese Familien in die fränkischen Wälder zurückschicken, die den närrischen

Anspruch wahren, sie seien dem Stamme der Eroberer entsprossen und hätten ihre Rechte geerbt?

Wenn die Nation dann gereinigt ist, wird sie sich, glaube ich, darüber trösten, daß sie sich jetzt nur als eine Zusammensetzung von Nachkommen der Gallier und der Römer zu betrachten hat. In der Tat, wenn man daran festhalten will, Abkunft und Abkunft zu unterscheiden, könnte man dann nicht unseren armen Mitbürgern ein Licht darüber aufstekken, daß die Abkunft von den Galliern und den Römern mindestens ebensoviel wert ist wie die von den Sigambrern, Welschen und anderen Wilden, die aus den Wäldern und Sümpfen des alten Germaniens hervorgekommen sind? ›Ja,‹ wird man sagen, ›aber die Eroberung hat alle Beziehungen verwirrt, und der [gallo-römische] Geburtsadel ist auf die Seite der Eroberer übergegangen.‹ Gut. So muß man ihn nötigen, wieder auf die andere Seite hinüberzugehen. Der dritte Stand wird dann wieder Adel werden, indem er seinerseits Eroberer wird ...

Verfolgen wir unseren Gegenstand weiter. Unter dem dritten Stand ist die Gesamtheit der Bürger zu verstehen, die zu dem allgemeinen Stande gehören. Alles, was durch das Gesetz privilegiert ist, einerlei auf welche Art, tritt heraus aus der gemeinsamen Ordnung, bildet eine Ausnahme für das gemeinsame Gesetz und gehört folglich nicht zum dritten Stande. Wir haben gesagt, ein gemeinsames Gesetz und eine gemeinsame Vertretung, das ist es, was eine Nation ausmacht.«[34]

Der Grund dafür, daß man nur selten einen Hinweis auf diesen Passus findet, liegt in der enthaltenen »Rassentheorie« begründet. Die *nation du tiers état*[35] mußte keineswegs, wie gewöhnlich behauptet, als Gruppe betrachtet werden, die durch freien Entschluß und soziale Zugehörigkeit gebildet worden war. Man könnte den Dritten Stand auch als ethnische Einheit betrachten. Mit seinem Verweis auf den Konflikt zwischen Galliern und Germanen polemisierte Sieyès gegen eine These, die am schärfsten in dem Buch *État de France* des Grafen de Boulainvillier entwickelt worden war. Diese schon 1710 geschriebene (allerdings erst nach dem Tod des Verfassers, 1728, veröffentlichte) Abhandlung rechtfertigte die Privilegien des Adels dadurch, daß sie auf dessen germanische Vorfahren, die fränkischen Eroberer, und deren *ius gladii* gegenüber den gallischen Unterworfenen zurückgeführt wurden.

Boulainvillier konnte sich auf eine schon seit längerem im Umlauf befindliche Argumentation berufen, die mit der Wiederentdeckung der Germania in der Renaissance entstanden war. Bereits Jean Bodin unterschied zwischen »nordischen« (kriegerischen und freien), »mittleren« (von Politik und Gesetz bestimmten) sowie »südlichen« (der Religion und Wissenschaft zugewandten) Völkern.[36] Die Franzosen zählte er zu den »mittleren« Völkern, darin folgte ihm der Calvinist Franz Hotman, der unter Verweis auf den germanischen Freiheitsdrang eine ständisch beschränkte Wahlmonarchie als angemessene Verfassung für Frankreich forderte. Im 16. und 17. Jahrhundert dominierte noch die Vorstellung, daß die Franzosen insgesamt Nachkommen der Franken seien, und der frondierende Adel bezog einen Teil seiner historischen Argumente aus der Vorstellung, nur ein gutes altes Recht gegen die ganz unangemessene, weil römische und fremde Autokratie des Königs einzufordern,[37] während Montesquieu, der die Argumentation Boulainvilliers wegen ihrer Einseitigkeit ablehnte, sich in seinem Geist der Gesetze regelmäßig auf »Unsere Vorfahren, die alten Germanen«[38] berief, deren Freiheitssinn man der asiatischen Despotie gegenüberzustellen habe.

Obwohl der Begriff der »Rasse« weder bei Boulainvillier noch bei Montesquieu oder Sieyès vorkam, handelte es sich doch um eine Argumentation, wie sie für den politischen Rassengedanken typisch werden sollte. Noch bevor im 18. Jahrhundert Carl von Linné und George Louis de Buffon die Einordnung des Menschen in das System der Natur vornahmen und eine biologische Unterscheidung der menschlichen *varietas* entwickelten, die dem Denken in Rassen sein wissenschaftliches Fundament gab, war dieses Denken bereits als politische »Leibidee«[39], das heißt als Vorstellung von der Einheit der vielen in einem naturhaften Ganzen, ausgebildet.

In Frankreich besaß die Annahme vom Kampf »zweier Rassen« im 19. Jahrhundert eine heftige Virulenz, weil man die Revolution von 1789 als Kulminationspunkt des Rassenkampfes und späte Revanche der Gallo-Römer gegen die Germanen interpretieren konnte.[40] Der Eindeutigkeit dieser Frontstellung stand allerdings eine gewisse Problematik bei der notwendigen Wahl zwischen dem keltischen und dem römischen Traditionsstrang gegenüber. Schon seit der ersten Hälfte des 18. Jahrhunderts war zumal in Schulbüchern die Floskel *»nos ancêtres, les gaulois«* (»unsere Vorfahren, die Gallier«) gebräuchlich, und dann nahm die intellektuelle Keltomanie mit der Entdeckung der angeblichen Gesänge Ossians auch Einfluß auf das geistige Frankreich.

Doch das symbolische Repertoire der Revolution war immer antik-römisch, und Napoleon wollte auch die imperiale Sendung Frankreichs ausdrücklich in den Zusammenhang dieser Überlieferung stellen. Allerdings hatte der Kaiser 1805 die Académie Celtique gründen lassen, die ihrerseits Propaganda für die Idee machte, daß in dem neuen Reich eigentlich nur die ursprünglich keltisch besiedelten und beherrschten Gebiete wieder zur Einheit zusammengeführt würden.[41] Derartige Vorstellungen hatten in der Zeit der Restauration selbstverständlich keinen Platz, aber dafür erhielt der Rekurs auf die Germanen wieder eine gewisse Bedeutung, wenn konservative Denker wie Chateaubriand oder Tocqueville sich ausdrücklich auf ihre fränkischen Ahnen beriefen. Die einflußreichen Historiker Guillaume Guizot, Henri Martin sowie die Brüder Amedé und Auguste Thierry interpretierten die Nationalgeschichte Frankreichs erneut nach dem Muster des Antagonismus von Kelten und Germanen.

Das ausgeprägte Interesse an der Rassenfrage in Frankreich erklärt wohl hinreichend, warum hier überhaupt der erste Versuch einer systematischen Betrachtung der Geschichte unter dem Gesichtspunkt der Rasse gemacht wurde. Zwischen 1853 und 1855 erschien in vier Teilen der *Essai sur l'inégalité des races humaines* des Grafen Arthur de Gobineau. Gobineau unterschied drei Hauptrassen nach ihrer Hautfarbe: die weiße, die gelbe und die schwarze. Er glaubte, daß der zwangsläufige Niedergang durch die Vermischung der Rassen zustande komme. Die wertvollste dieser Rassen, die weiße, und in dieser wiederum die Hauptträger aller schöpferischen Eigenschaften, die Arier, und unter diesen die Elite, die Germanen, seien durch die Blutsverbindung mit anderen Rassen geschwächt worden und unausweichlich vom Untergang bedroht.

Es war nicht dieser Determinismus allein, sondern auch die wissenschaftliche Rückständigkeit der rein spekulativen Rassenkonzeption Gobineaus, die den Einfluß seiner Lehre eng begrenzte. Von den beiden ersten Bänden hat der Verfasser 500 Exemplare auf eigene Kosten drucken lassen, und auch die Auflage des dritten und vierten Teils dürfte kaum höher gewesen sein.[42] Erst nach seinem Tod im Jahr 1882 konnte überhaupt eine Neuausgabe erfolgen. Die Ablehnung in seiner Heimat ist wohl hinreichend damit erklärt, daß Gobineau die Argumentation Boulainvilliers übernahm und den Franzosen nach der Vertreibung des »germanischen« Adels in der Revolution jede Möglichkeit des Wiederaufstiegs bestritt.

Allerdings darf diese Feststellung nicht zu der Einschätzung führen, als ob die Vorstellung von den »beiden Rassen« wegen der Einflußlosigkeit Gobineaus in der zweiten Hälfte des 19. Jahrhunderts keine Rolle mehr gespielt habe. Wie tief die entsprechenden Vorstellungen und Wertungen eingewurzelt waren, zeigt sich vor allem an der neuen Begeisterung für alles Keltische im Zweiten Keltenreich und an dem Bedeutungszuwachs des Keltenführers Vercingetorix. Napoleon III. finanzierte aus seiner Privatschatulle Ausgrabungen der keltischen Oppida Bibracte (der Ort, an dem Vercingetorix die keltischen Stämme geeinigt hatte), Gergovia (der Ort des größten keltischen Sieges über die Römer) und Alesia (der Ort der endgültigen Kapitulation und Gefangennahme des Vercingetorix). 1865 wurde in der Nähe des alten Alesia bei Dijon ein Denkmal für Vercingetorix errichtet. Die Bronzefigur trug unverkennbar die Gesichtszüge des Kaisers Napoleon III., die Inschrift lautete unter Rekurs auf eine Sentenz Cäsars: »Das geeinte Gallien, eine einzige Nation, beseelt von einem gemeinsamen Geist, kann dem Universum die Stirn bieten.«

Zwischen 1850 und 1914 gewann alles, was mit dem Keltentum zusammenhing, in Frankreich ungeheure

Popularität. Straßen und Plätze wurden nach Vercingetorix oder den Schauplätzen seiner Kämpfe benannt, keltisierende Motive spielten in Kunst und Kunsthandwerk eine wichtige Rolle, Romane und Jugendbücher nahmen das Thema auf. Seitdem 1867 Geschichtsunterricht in den Grundschulen eingeführt worden war, wurde die Vorstellung von den »Galliern, unseren Vorfahren«, jeder nachwachsenden Generation nahegebracht; merkwürdigerweise hatten allerdings auch vietnamesische, afrikanische und arabische Kinder diesen ersten Satz der Fibel zu repetieren.

Die Ursache für die naive Übertragung lag nicht zuletzt in den verschiedenen Interpretationen begründet, die man dem Vercingetorix-Mythos geben konnte. Zwar verlor sich nie ganz die Anstößigkeit, daß in dem Heros ein Verlierer geehrt wurde, aber schon Napoleon III. hatte bei der Errichtung des Monuments von Alesia darauf hingewiesen, daß es letztlich ein Glück für die Kelten gewesen sei, von den zivilisatorisch überlegenen Römern besiegt worden zu sein. Dementsprechend konnte Frankreich nun als Erbe der lateinischen Welt seinerseits von den unterworfenen Kolonialvölkern Verständnis dafür verlangen, daß die Teilhabe an der kulturellen Entwicklung eventuell mit Zwang und Schmerzen verbunden werden mußte.

Diese Perspektive erhielt sich über das Ende des *empire* hinaus, aber durch die Niederlage im Krieg von 1870/71 gegen Preußen-Deutschland konnte man auch eine viel unmittelbarer zugängliche Deutung des Geschehens geben und sowohl den heldenhaften Widerstand der Kelten feiern als auch Trost daraus schöpfen, daß der Opfergang des Vercingetorix den Wiederaufstieg Galliens in der Gestalt Frankreichs vorbereitete.

Der keltische Mythos war zum integralen Bestandteil der französischen nationalen Identität geworden. Das »Germanische« galt in dieser Konstellation nur mehr als feindselig. Bloß ein Rest der ursprünglichen Ambivalenz ist noch zu finden in Renans Buch *La Réforme intellectuelle et morale*. Renan, der gewöhnlich als Kronzeuge des französischen, weil auf dem Prinzip der freiwilligen Zugehörigkeit – dem »täglichen Plebiszit« – beruhenden Verständnisses der Nation gilt, schrieb unmittelbar nach der Niederlage von 1871: »Ein Land ist nicht die einfache Addition der Einzelnen, aus denen es zusammengesetzt ist; das ist eine Seele, ein Bewußtsein, eine Person, eine lebende Resultante. Diese Seele kann in einer sehr kleinen Zahl von Menschen lebendig sein …«.[43] Renan fährt dann fort, daß Frankreich drohe, eben diese Seele und mehr noch – seine Existenz – zu verlieren. Der Grund liege darin – so der, der sich selbst als Kelte betrachtete –, daß man mit der Vertreibung des germanischen Adels in der Revolution einem pazifistischen und mediokren Geist zur Herrschaft verholfen habe, der die Energien des Landes aufzehre, die seinen Bestand sichern sollten.[44]

Varianten des Nationalismus

La Réforme intellectuelle et morale gewann in Frankreich außerordentlichen Einfluß. Noch De Gaulle betrachtete es als eine Art Leitfaden; ob ihn Renan auch zu der Forderung inspirierte, die »nordische« Zuwanderung nach Frankreich zu verstärken, um den Einfluß des mediterranen Elements zu begrenzen, bleibe dahingestellt.[45] Am stärksten war die Wirkung Renans ohne Zweifel im Hinblick auf eine intellektuelle und politische Strömung, die seit der Niederlage von 1871 in Frankreich entstand und sich ausdrücklich als »nationalistisch« begriff. Es war neu, daß dieses Wort nicht mehr als Beschimpfung, sondern als Selbstbezeichnung verwendet wurde, es war auch neu, daß »Nationalismus« ausdrücklich als umfassendes ideologisches Konzept, als »integraler Nationalismus«[46], begriffen wurde.

Frankreich brachte mit dem integralen Nationalismus auch dessen ersten Theoretiker hervor: Maurice Barrès. Der Literat und Dandy Barrès ging am Ende des 19. Jahrhunderts in die Politik, um an die Stelle des »Ich-Kults« den »Kult der Nation«, die Weihe von »Boden und Blut«, treten zu lassen, aber seine ersten Hoffnungen in das »französische Fieber« erfüllten sich nicht. Nach der Auffassung von Barrès war ein »Ideal« nötig, um die Nation wieder zu einen, und »wäre das eine niemals realisierbare Täuschung, würde ich es noch rühmen als ein Ziel, das man den Anstrengungen der Masse setzen muß, als eine Stärkung für die Herzen, die der Enthusiasmus bewegt«[47]. Kurze Zeit hatte Barrès geglaubt, daß der Sozialismus dieses Ideal sein könnte, aber dann wandte er sich der nationalistischen »Doktrin« zu, die nach erstem Schwanken immer stärker in Konflikt mit den »Ideen von 1789« geriet. Denn der Nationalismus sollte ein »Kollektivismus« sein, eine schicksalhafte und unaufhebbare Bindung des Individuums an das Ganze seines Volkes, und er sollte sich im Ausschluß der Fremden, Integration der Unterschicht und Organisation der Wehrhaftigkeit zum Zweck des künftigen Krieges gegen Deutschland äußern. Im Mai 1898 erklärte Barrès seinen Wählern, daß er für einen *socialisme nationaliste*, einen »nationalistischen Sozialismus«, eintrete. Ein »nationaler Sozialismus« erschien

Barrès als geeignetes Mittel, um den nationalen Kollektivismus zu realisieren. Allerdings nur dann, wenn man dem Sozialismus sein »liberales Gift«[48] entzog und dem Arbeiter klarmachte, daß er nicht gegen den Unternehmer aus seinem eigenen Volk, sondern gegen die Fremden und das fremde – sprich: das jüdische – Kapital kämpfen müsse.

Zusammenfassend hat Barrès seine Vorstellungen in den *Scénes et Doctrines du Nationalisme* niedergelegt: »Ein Nationalist, das ist ein Franzose, der sich seines Ursprungs bewußt geworden ist. Nationalismus ist Bejahung des Determinismus. Die Katholiken sehen im Patriotismus eine Verlängerung der Moral. Auf den Geboten der Kirche baut sich ihr Gedanke vom Vaterland auf. Aber wenn ich nun kein Gläubiger bin? Für eine gewisse Anzahl von Menschen hat das Übernatürliche seine Kraft verloren. Ihre Frömmigkeit, die ein Objekt sucht, findet keines mehr im Himmel. Ich habe meine Frömmigkeit vom Himmel auf die Erde herabgeholt, auf die Erde meiner Toten ... Da gibt es keine Gedankenfreiheit. Ich kann nur den Geboten meiner Toten gemäß leben. Sie und meine Erde gebieten mir eine bestimmte Handlungsweise ... Ich muß mich genau an den Punkt setzen, den meine Augen, so wie die Jahrhunderte sie mir gaben, erfordern, an den Punkt, von dem aus alle Dinge sich dem Maß eines Franzosen fügen. Das Ganze dieser richtigen und wahren Übereinstimmungen zwischen gegebenen Objekten und einem determinierten Menschen, dem Franzosen, ergibt die französische Wahrheit und Gerechtigkeit. Solche Übereinstimmung finden, das ist französische Vernunft. Und reiner Nationalismus ist nichts anderes, als die Existenz dieses Punktes kennen, ihn suchen und, nachdem man ihn gefunden, daran festhalten, um von dort Kunst, Politik und alle Handlungen bestimmen zu lassen ... Ich war Individualist ... Aber nachdem ich lange über das ›Ich‹ nachgedacht hatte, ... bin ich hinuntergestiegen, hinuntergestiegen durch nachgiebigen Sand, um am Grunde und als Wurzel die Kollektivität zu finden. Das beeinträchtigt unseren individuellen Stolz ... Wir sind nicht die Herren der Gedanken, die in uns geboren werden. Sie kommen nicht aus unserem Intellekt ... Die menschliche Vernunft ist in der Weise an die Kette gelegt, daß wir alle in die Fußstapfen unserer Vorgänger treten ... In dieser äußersten Demütigung tröstet uns etwas unendlich Süßes und fordert uns auf, all diese Knechtschaft und den Tod anzunehmen: es ... ist ... die Gewißheit, daß wir in der Nachfolge unserer Ahnen stehen ... Sie denken und sprechen in uns. Die ganze Folge der Nachkommenschaft bildet ein einziges Wesen ... Wer sich von diesen Gewißheiten durchdringen läßt, der gibt den Anspruch auf, besser zu denken, besser zu fühlen, besser zu wollen als seine Väter und Mütter; er sagt sich: Ich bin sie. Und was für Folgerungen wird er aus diesem Bewußtsein ziehen, wie wird er sein Erbe annehmen? Sie werden es ahnen. Das ganze ist wie ein Taumel, in dem das Individuum versinkt, um sich wiederzufinden in der Familie, in der Rasse, in der Nation ... Diejenigen, die ein wenig nachgedacht haben über die Entwicklung der Nationen und die wissen, daß allen Völkern ihre Tage gezählt sind, werden sich Rechenschaft ablegen über den Keim der Zerstörung, den unsere Nation in sich trägt. ... Wir Nationalisten, uneinig zuweilen im Hinblick auf die Zukunft, gelangen zur geistigen Einheit, wenn wir Frankreichs Vergangenheit betrachten. Wir berufen uns auf das ewige Frankreich ... Wir wollen eine Politik, die den nationalen Traditionen Rechnung trägt, und die alles schützt, was an ihnen noch lebendig ist ... Frankreich muß von Generation zu Generation verbunden bleiben, es muß sich in seinem Wesen gleichbleiben ...«[49]

Der »integrale Nationalismus« war vor allem die Konsequenz der dauernden Krise der Dritten Republik. Frankreich hatte infolge der militärischen Niederlage und infolge des Sturzes Napoleons III. seinen letzten Bürgerkrieg erlebt, aus dem vor allem die jakobinische Linke als Verlierer hervorgegangen war. Die Unruhe, die dann der General Georges Boulanger zwischen 1886 und 1888 in das Land trug, weil er zum Führer einer nationalistischen Massenbewegung aufstieg, die die Bourgeoisie entmachten und einen Revanchekrieg gegen Deutschland führen wollte, zeigte aber die fortbestehende Virulenz der jakobinischen Ideologie in den Köpfen vieler Franzosen.

In den folgenden Jahren, in denen Frankreich von zahlreichen Affären erschüttert wurde, bildete sich aus den Resten des Boulangismus eine breite Strömung mit dem Ziel, eine nationalistische Diktatur zu errichten. Eine katalytische Funktion erhielt dabei die Dreyfus-Affäre. Im Lager des Nationalismus sammelte sich jetzt die frustrierte jakobinische Linke, die die nationale Solidarität gegen das »internationale« jüdische Finanzkapital und den »internationalen« jüdischen Marxismus verteidigen wollte, genauso wie ein Teil der Rechten, der von vielen Lieblingsvorstellungen der Royalisten Abschied genommen hatte. Die wichtigsten ihrer Organisationen waren die *Ligue des Patriotes* und später die *Action Française*. Die Liga stand unter der Führung Paul Déroulèdes, eines Veteranen der *Commune*, der sich Boulanger angeschlossen hatte, dann die Antidreyfusards unterstützte, immer Barrès treuer Gefolgsmann blieb und schließlich 1898 einen regelrechten Putschversuch gegen die Regierung unternahm. Das Scheitern des Aufstands und das anschließende kurzfristige Verbot der Patriotenliga zerstörte deren Massenanhang.

Der neue Führer der französischen Nationalisten wurde Charles Maurras, der geistige Kopf der *Action Française*. Maurras reagierte auf die veränderten politischen und gesellschaftlichen Bedingungen in Frankreich nach der Jahrhundertwende, die der direkten Aktion weniger Möglichkeiten bot. Maurras war in erster Linie ein Intellektueller und Systematiker, der eine Ideologie entwickelte, die alle Teile der Wirklichkeit vollständig erfassen sollte. So verfocht er zwar die Wiederherstellung des Königtums, verachtete aber den alten wirkungslosen Legitimismus und seine religiöse Begründung. Sein »Traditionalismus« war konstruiert, und den christlichen Glauben hatte er längst abgelegt; er bewunderte die katholische Kirche nur wegen ihrer Formsicherheit und der Bedeutung, die sie für die nationale Geschichte gehabt hatte. Maurras sah in der Monarchie die einzige Frankreich angemessene »Ordnung«, eine rationale und effektive Herrschaft, die von den Massen her plebiszitär gestützt werden sollte.

Maurras beherrschte wohl das Instrument der modernen Propaganda, was vor allem in der scharf gegen Republikaner, Protestanten, Freimaurer und Juden agitierenden Presse der *Action* zum Ausdruck kam, rechnete sich aber nur dann Chancen auf einen Regimewechsel aus, wenn es gelang, die militärische Führung auf seine Seite zu ziehen. Gleichzeitig experimentierte er mit einem »monarchistisch-sozialen« oder »sozialistisch-monarchistischen«[50] Konzept, was ihn auch mit Teilen der äußersten Linken in Verbindung brachte.

Wenn Barrès mehr als eine Generation von Intellektuellen geprägt hat und mit seinem Versuch, die republikanische Überlieferung sowohl mit der Tradition des alten Frankreich wie der Erinnerung an Napoleon zum Ausgleich zu bringen, wird man Vergleichbares von Maurras nicht sagen können. Zwar übte er einen erheblichen Einfluß auf das traditionalistische Frankreich aus, aber schon vor dem Ersten Weltkrieg zeichneten sich die Grenzen dieser Wirksamkeit deutlicher ab. Maurras' Versuch, alle nationalen Kräfte zu binden, gelang nicht. Er blieb im letzten unentschieden. Man kann von seinem »integralen Nationalismus« mit gleichem Recht behaupten, daß es sich um einen neuartigen und radikalen Konservatismus oder um einen Faschismus *avant la lettre* gehandelt habe, auch wenn die in Frankreich entstandenen Ideen niemals in Kontakt mit Bewegungen kamen, die so von ihnen entflammt wurden, daß ein »Marsch auf Paris« oder eine »Machtergreifung« möglich geworden wäre.

Es gab dafür Gründe, die in den Traditionen des Landes lagen. Vor allem aber spielte jener offiziöse Nationalismus eine entscheidende Rolle, der der nationalen Opposition wenig Angriffsflächen bot. Dessen Ziele hatte Victor Hugo schon in einer Ansprache vor der Nationalversammlung am 1. März 1871 so formuliert: »... die Kräfte zurückgewinnen ..., Kanonen schmieden und Bürger formen; eine Armee schaffen, die das Volk sei; die Wissenschaft dem Krieg zu Hilfe rufen; das preußische Verfahren studieren ..., sich regenerieren, wieder das große Frankreich werden«[51]. Hugo und mit ihm die Mehrzahl der Franzosen glaubte, daß die Nation in einem *»guerre du droit«* – einem »Krieg um das Recht« – unterlegen war, in dem nicht so sehr zwei Länder als vielmehr zwei Prinzipien, die *idée française* und die *idée prussienne*, gegeneinander standen.[52] Die Niederlage der »französischen Idee« sagte nichts über deren Dignität aus, vielmehr galt es, vermehrte Anstrengungen zu unternehmen, um ihr, und mit ihr der »Zivilisation« überhaupt, doch noch zum Sieg zu verhelfen.

Auf dem Hintergrund dieser nationalen Ideologie wird die Bedeutung verständlich, die man in der Dritten Republik der »Nationalpädagogik« beimaß. Léon Gambetta, der 1870 als Minister der provisorischen Regierung die nationale Verteidigung organisiert hatte und dann zu den wichtigsten Führern der jakobinischen Linken gehörte, berief sich regelmäßig auf den Grundsatz *»démocratie, c'est démopédie«* – »Volksherrschaft ist Volkserziehung«, und diese Erziehung sollte der Einheit des nationalen Willens dienen, die Erinnerung an die ruhmreiche Tradition des revolutionären Krieges wachhalten und die Rache gegen den Feind vorbereiten helfen. In der Ägide des Erziehungsministers Jules Ferrys, der zwischen 1879 und 1881 das *enseignement laic* durchsetzte, beschränkte sich die patriotische Erziehung nicht allein auf den Unterricht (es wurde 1881 angeordnet, in jedem Klassenzimmer eine Karte des Landes mit Darstellung der abgetrennten Provinzen Elsaß und Lothringen, bedeckt von einer Fahne mit Trauerflor, aufzuhängen), sondern erstreckte sich auch auf eine darüber hinausgehende militärische Erfassung der Jugendlichen in sogenannten *bataillons scolaire;* zur Begründung für die Aufstellung dieser Einheiten hieß es: »Es ist wichtig, sofort zu beginnen und den Landschaften Frankreichs den Anblick ihrer Kinder zu bieten, die sich schon in der Schule auf die Verteidigung des Vaterlandes für den Fall vorbereiten, daß der Fremde versucht zurückzukommen und seinen Boden zu betreten. Seit dem 18. Brumaire [dem Tag, an dem Napoleon gegen die Republik geputscht hatte] hat das Verblassen staatsbürgerlicher Gesinnung während bald eines Jahrhunderts den Patriotismus bei uns nur allzu sehr einschlafen lassen.«[53]

Der republikanische Nationalismus knüpfte, wie dem vorstehenden Text deutlich zu entnehmen ist, ausdrücklich an die jakobinische Tradition an. Aber er versicherte sich auch der Unterstützung durch die Armee, die eigentlich als Hort der konservativen, bevorzugt monarchistischen Kräfte galt. In verschämter Aufnahme der napoleonischen Vorbilder wurden Paraden am »Tag der Armee« (dem ursprünglichen »Kaisertag«, dem 15. August) abgehalten, um die Streitkräfte als »Nation in Waffen« zu feiern.[54] Die Republik glaubte sich durchaus stark genug, im Namen der Nation auch ihre Gegner zu gewinnen. Wenn 1872 in Chatrousse eine Statue errichtet wurde, die Vercingetorix und Johanna von Orléans Hand in Hand zeigte, kam darin symbolisch zum Ausdruck, was der Historiker Alphonse Aulard mit der Behauptung meinte, in Reaktion auf die Niederlage gegen Preußen-Deutschland sei die Grundlage für die »moralische Einheit« Frankreichs entstanden.[55]

Union sacrée

In der Zeit vor dem Ersten Weltkrieg handelte es sich aber noch um eine prekäre Einheit. Wenn Edouard Driault in seinem 1914 erschienenen Buch *L'unité française* urteilte, Frankreich sei wegen seiner außerordentlichen Geschlossenheit die »vollkommenste Nationalität der Welt«[56], dann war das kaum mehr als eine optimistische Behauptung. In den Jahren vor Beginn des Ersten Weltkriegs hätte ihm wohl kaum ein Beobachter zugestimmt. Nicht die Einheit Frankreichs wurde allgemein konstatiert, sondern der Zwiespalt. Fast sprichwörtlich war die Rede von den »*deux Frances*«[57], dem »schwarzen« und dem »roten«, dem der katholischen Tradition und dem des Laizismus, dem des Syllabus und dem der Menschenrechte, dem des Landes und dem der Stadt. Paris, das war das Symbol des Fortschritts, aber in der Vendée gab es Orte, auf deren Rathäusern noch nie die Trikolore geweht hatte. Gerade durch die Dreyfus-Affäre war der Konflikt zwischen den beiden Frankreich wieder aufgebrochen und schien eine schwärende Wunde im Körper der Nation zu hinterlassen. Sie heilte tatsächlich erst mit der Wendung gegen den äußeren Feind, das »germanische« Deutschland, und die Vorstellung, Frankreich führe noch einmal den »Kampf des Rechts« gegen einen barbarischen Feind. Das ließ sich aus der Überlieferung der Kreuzzüge ebenso verstehen wie aus der Erinnerung an das Jahr 1793.

Die *union sacrée*, die »heilige Einheit«, in der die Parteien von der äußersten Linken bis zur *Action Française* zusammentraten, konnte die Differenzen nicht wirklich verschwinden lassen, aber sie konnte sie unterordnen, faktisch zum Nachteil des alten, des traditionalistischen Frankreich. Zuletzt triumphierte die republikanische Vorstellung von der Nation, verleibte sich ein, was ihr brauchbar schien, und schied das übrige aus. Kein anderer hat das so verkörpert wie Georges Clemenceau, der während des Krieges mit diktatorischer Vollmacht regierte und die Opposition der Kammern unter drohendem Hinweis auf die Volksmeinung zum Schweigen brachte. Clemenceau ist es bei den Verhandlungen über den Versailler Vertrag zwar nicht gelungen, die Forderungen der Maximalisten gegenüber dem besiegten Deutschland durchzusetzen – Aufteilung und Annexion des westlichen Rheinufers –, aber er hat doch zu verhindern gewußt, daß die angelsächsischen Mächte das »Sicherheitsbedürfnis« Frankreichs im Namen des europäischen Gleichgewichts ignorierten. Mit Blick auf die Deutschen prägte Clemenceau auch das böse Wort, es gebe zwanzig Millionen zu viel von ihnen.

Nach dem unter großen Opfern errungenen Sieg von 1919 wurde in Frankreich ein patriotischer Kult ohnegleichen entfacht, der bis heute seinen sichtbaren Ausdruck in der großen Zahl von Gefallenendenkmälern findet, die man praktisch in jedem französischen Ort errichtete. Ihr Zentrum bildete das 1921 angelegte Grab für den unbekannten Soldaten unter dem Triumphbogen in Paris. Das militärische Zeremoniell bei den offiziellen Feiern, die Aufmärsche der Veteranen, die rituellen Handlungen, die mit der Erinnerung an die Toten verbunden wurden, wurden Teil einer säkularen Bürgerreligion, die das *pro patria mori* fern aller christlichen Bezüge verstand.

Es hat die Schaffung der nationalen Synthese im Grunde nur noch eine Unterbrechung erfahren mit der militärischen Niederlage von 1940. Das Vichy-Regime brach zwar nicht völlig mit der Überlieferung – Marschall Pétain wurde ausdrücklich mit Vercingetorix verglichen, der sich gleichfalls für sein besiegtes Land »geopfert« habe[58] –, aber in entscheidenden Elementen stand die Ideologie des *État Français* doch im Widerspruch zur gesamten revolutionären Tradition: Der Rekurs auf die katholische Überlieferung und die positive Wertung der Monarchie, die Bedeutung der Familie und des *pays réel* zeigten eine konservative Denkstruktur, die mit ihrer Absage an jede universelle Sendung einen deutlichen Kontrast zu den

»Ideen von 1789« bildete. Es haben dieses Experiment ebenso wie die (bedingte) Kollaboration unter den besonderen Umständen der Zeit einen breiten Anhang unter den Franzosen gefunden, allerdings nicht auf Dauer, und es ist bezeichnend, daß De Gaulle, der Pétain in vielem ideologisch nahestand, doch nach der Befreiung Frankreichs ohne Zögern zu dem Konzept einer republikanischen Integration der verschiedenen Strömungen des nationalen Selbstverständnisses zurückkehrte.

»In meinen Augen kann Frankreich kein Frankreich ohne Größe sein. ... Nichts beeindruckte mich mehr als die Symbole unseres Ruhms: die Nacht, die sich auf Notre-Dame senkte, die Majestät des Abends in Versailles, der Triumphbogen im Sonnenlicht, die eroberten Fahnen, die sich unter dem Gewölbe der Invalidenkirche leise bewegten ...«.[59] So hat De Gaulle selbst den Ursprung seiner Auffassung von Frankreich beschrieben. In seinen Reden während der Kriegszeit verzichtete er selten darauf, die tausendfünfhundert Jahre der französischen Geschichte zu beschwören, seine Truppen kämpften unter dem Lothringer-Kreuz als deutlicher Reminiszenz an Jeanne d'Arc, der Krieg war für ihn eine Fortsetzung des seit der Habsburger Zeit andauernden Konflikts mit dem Reich, sein Affekt gegen die angelsächsischen Verbündeten, insbesondere Großbritannien, speiste sich aus der langen Tradition, die solche Empfindungen im französischen Nationalismus hatten. Bei allem folgte De Gaulle einer Vision »französischer Größe«, die in erster Linie seine Außenpolitik bestimmte, begonnen mit der vorsichtigen Annäherung an die Sowjetunion über das Ausscheren aus der militärischen Organisation der NATO, endend bei dem Entschluß, Frankreich eine eigene atomare Streitmacht zu sichern. Auch die Gründung der Fünften Republik selbst in einer Art von kaltem Staatsstreich sollte die Voraussetzungen schaffen, die Souveränität des Landes neu zu begründen, und noch die Aufgabe Algeriens, die ihm von den traditionellen Nationalisten und der *droite fascisante* niemals verziehen wurde, gehört in diesen Zusammenhang. Der Präsident-General löste die Reste des *empire* auf, damit Frankreich »... seine Zeit heiraten«[60] konnte.

Der Entschluß, modern zu sein, hat die Zeitgenossen niemals so irritiert wie die Fixierung De Gaulles auf das »ewige Frankreich«. Aber gerade diese »bestimmte Vorstellung« erwies sich als wirkmächtig und hat zuletzt der Staatsideologie der Fünften Republik eine Konsistenz verliehen, die sogar ihre Gegner gewann. Mitterrand, der in der ganzen Nachkriegszeit zu den Feinden De Gaulles gehörte, hat doch in seiner Amtszeit als Präsident vom »Sozialismus in den Farben der Trikolore« bis zum Rekurs auf die keltische Identität Frankreichs ein symbolisches Repertoire verwendet, das ausdrücklich an das gaullistische anknüpfte. Bei allen parteipolitischen Differenzen teilte er offenbar in vielem die *»certaine idée de la France«*, wie sie De Gaulle formuliert hatte: »Mein ganzes Leben lang habe ich mir von Frankreich eine bestimmte Vorstellung gemacht. Herz und Sinn drängen mich gleicherweise dazu. Alles, was sich in uns regt, stellt sich natürlich Frankreich als einem erhabenen und außerordentlichen Schicksal geweiht vor – gleich der Prinzessin im Märchen oder der Madonna auf einer Freske. Ich habe instinktiv den Eindruck, daß die Vorsehung Frankreich für vollkommene Erfolge oder für beispielloses Unglück geschaffen hat. Wenn trotzdem irgendwann einmal die Mittelmäßigkeit Tun und Lassen des Landes bestimmt, so habe ich den Eindruck einer absurden Anomalie, die den Fehlern der Franzosen, nicht aber dem Genie des Vaterlandes zuzuschreiben ist. Meine ganze Erfahrung lehrt mich aber überzeugend, daß Frankreich nur Frankreich ist, wenn es an erster Stelle steht. Einzig große Unternehmungen sind geeignet, dem Keim des Zerfalls entgegenzuwirken, welchen das französische Volk in sich trägt. Unser Land muß, so wie es zwischen anderen Ländern heute existiert und so wie diese anderen Länder sind, hoch hinauszielen und sich geradehalten, will es sich nicht tödlicher Gefahr aussetzen. Kurz – in meinen Augen kann Frankreich ohne Größe nicht Frankreich sein.«[61]

Jede konkrete Ausformung des französischen Nationalbewußtseins stellt unter Beweis, wie mächtig seine verschiedenen Antriebe geblieben sind. Die Vorstellung, daß für den Patriotismus *à la française* nur der »republikanische« Gedanke bestimmend sei, wie vor allem in Deutschland oft behauptet wird, ist abwegig. Die *francisation* ist nicht in erster Linie der Niederschlag einer großen humanitären und universalen Tradition[62], sondern ein Ergebnis des an den Staat gebundenen Nationenverständnisses einerseits, der aus der französischen Demographie entstandenen Zwänge andererseits. In Frankreich hat man sich seit dem 19. Jahrhundert vor allem deshalb einer relativ großzügigen Einbürgerungspraxis befleißigt (etwa ein Drittel der gegenwärtig lebenden Franzosen haben ausländische Vorfahren), weil das Land bereits seit 1840 unter dauerndem Bevölkerungsschwund litt, und deshalb Arbeitskräfte sowie Soldaten (nach 1871 für die kommende Revanche gegen Deutschland) brauchte.

Nirgends in Europa gibt es übrigens eine so starke nationalistische Opposition gegen die vermehrte Einwanderung. »Völkische« Einstellungen sind dort trotz offiziell ganz anders lautender Erklärungen weit verbreitet und finden einen Anhalt an dem als »politisch korrekt« geltenden Kult um Vercingetorix und dessen tragisches Schicksal. 1989 begannen Valéry Giscard d'Estaing und sein Gegner Jacques Chirac den Europa-Wahlkampf an jenem Ort, wo einmal Gergovia gelegen hatte. Der zeitgenössische Betrachter sollte die Erinnerung an den »ersten französischen Sieg« mit dem gegenwärtigen Kampf für die nationale Identität verbinden. Ein ganz ähnliches Kalkül hatte schon vier Jahre zuvor hinter dem Entschluß Mitterrands gestanden, das ehemalige Oppidum Bibracte, wo es Vercingetorix gelungen war, die gallischen Stämme zu einen, zur nationalen Gedenkstätte zu machen, weil hier der »erste Akt«[63] der französischen Geschichte vollzogen worden sei; es gab immer wieder Gerüchte, daß er gewünscht habe, oberhalb der Anlage bestattet zu werden.

Franzosen mögen gegen die Vorstellung von der Nation als einer ethnischen Gemeinschaft noch so scharf polemisieren, sie als »romantisch« und »antirepublikanisch« brandmarken, eigentlich wirft man ihr vor, daß sie die »Kräfte des Zerfalls«[64] freisetze, daß sie Separatismen züchte und den Staat in Frage stelle. Der Kern der französischen Vorstellung von der Nation ist Etatismus. Daher die Verteidigung des *héxagone*, das von Rhein, Alpen, Mittelmeerküste, Pyrenäen, Biskaya und Kanalküste gebildet wird und mit seinen »natürlichen Grenzen« zu den Voraussetzungen der französischen Republik gehörte und gehört. Es war durchaus keine Marotte, wenn der sozialistische Innenminister Jean-Pierre Chévenement im Herbst des Jahres 2000 seinen Rücktritt erklärte, nachdem die Regierung, der er angehörte, Korsika und anderen Regionen größere Selbstbestimmung einräumen wollte; Chévenement sah die »natürlichen Grenzen« und damit die Einheit Frankreichs in Gefahr.

Auch die nach außen gerichtete Seite der französischen Politik folgt nach wie vor dem Prinzip des nationalen Interesses. Die Rechte gibt das offener zu erkennen, die Linke spielt gekonnter auf der Klaviatur der »Ideen von 1789«. Aber in ihren Reihen gibt es nach wie vor zahlreiche Jakobiner, für die als »Maxime des gesunden Menschenverstandes« gilt: »Frankreich ist nur sich selbst verpflichtet.«[65] Die Politik des nationalen Vorteils etwa im Blick auf die europäischen Institutionen ist aber selbstverständlich auch ganz traditionell zu deuten: als Erfüllung von »Richelieus Testament«, zu dem Zweck, einen Machtzuwachs Deutschlands zu verhindern, oder um Großbritannien vom Kontinent fernzuhalten.

Keine Nation kann die Prägung durch die großen Entscheidungen ihrer Vergangenheit abstreifen. Sie wird bestimmt von Impulsen, die zum Teil sehr weit zurückliegen und sich zu verschiedenen Zeiten verschieden stark ausgewirkt haben, ganz verschwunden zu sein schienen und dann in veränderter Gestalt wiederkehrten. Frankreich bildet in dieser Hinsicht keine Ausnahme. Viele Beobachter haben mit Irritation zur Kenntnis genommen, daß man sich gerade in diesem als vorbildlich »modern« betrachteten Nationalstaat ganz resistent gegen die Aufklärung bestimmter patriotischer Mythen zeigt. Weder die Kontinuität zu den Galliern wird ernsthaft in Frage gestellt, noch die Vorstellung von der harmonischen Selbstentfaltung der französischen Nation, die aus mittelalterlichen Anfängen entstand und sich in einer universalen und humanitären Gestalt vollendete. Diese *religion nationale,* die an die Stelle der älteren *religion royale* getreten ist, kennt auch die Methode der Kanonisierung, die durch offizielle Stellen – wie die *Archives de France* beziehungsweise den *Conservateur général du Patrimoine* – nicht nur die *lieux de memoires*, die zentralen Orte nationaler Erinnerung, verzeichnen und für ihre Erhaltung Sorge tragen, sondern auch das Kalendarium der Jubiläen und staatlichen Feiertage aufstellen.

Wie wirksam die bei solchen Gelegenheiten nötigen Glättungen vor sich gehen, konnte man zuletzt bei der *célébration* des 1500. Jahrestags der Taufe des Frankenkönigs Chlodwig im September 1996 beobachten, die anfangs in einen Konflikt zwischen kirchlichem Gedenken an die »Taufe Frankreichs« und staatlicher Erinnerung an den »Gründer« Frankreichs zu führen schien, aber dann ganz friedlich begangen wurde in einer für diese Nation typisch gewordenen Synthese.

Um das richtig zu bewerten, ist ein Hinweis auf jene Passage in Renans Text über das Wesen der Nation wichtig, in der es heißt, die Nation entstehe nicht nur durch die kollektive Erinnerung, sondern auch durch das kollektive Vergessen: »Das Vergessen, und ich möchte sagen auch der historische Irrtum, sind ein wesentlicher Faktor bei der Schaffung einer Nation, es ist deshalb der Fortschritt der historischen Studien oft eine Gefahr für die Nationalität. Die historische Untersuchung holt die Gewalttaten, die am Ursprung der politischen Formationen standen, wieder an das Licht, auch diejenigen, von denen außerordentlich wohltätige Folgen ausgingen. Die Einheit ist immer brutal hergestellt worden … jeder französische Bürger muß die Bartholomäusnacht vergessen haben und die Massaker im Süden während des 13. Jahrhunderts.«[66] Die Reihe ließe sich erheblich verlängern.

Man hat immer wieder davon gesprochen, daß der französische nicht nur ein nationaler, sondern repräsentativ für einen allgemeinen »westlichen« Weg zum Nationalstaat gewesen sei: die Bildung einer »Staatsnation«, durch die Autorität des Monarchen geschaffen in der Vergangenheit, von der sich dann als »Nation« verstehenden Bevölkerung angeeignet in der Revolution. Es dürfte dem Vorstehenden zu entnehmen sein, inwieweit schon diese Annahme eine Verkürzung der historischen Realität ist, aber wenn man ihr eine gewisse relative Berechtigung zubilligt, bliebe doch zu prüfen, ob die »westlichen« Nationen tatsächlich alle einen ähnlichen Weg beschritten haben.

Ohne Zweifel bestehen sehr viele Gemeinsamkeiten zwischen der französischen und der englischen Nationwerdung. In beiden Fällen gelang es der monarchischen Zentralgewalt relativ früh, die Macht der Vasallen zu brechen. In beiden Fällen bildete sich schon während des Mittelalters ein verhältnismäßig klar abgegrenztes nationales Territorium aus. Auch in England gab es eine *religion royale*, in deren Zentrum die Verehrung des heiligen Edward und die mythische Gestalt des Königs Artus standen (Richard Löwenherz und Heinrich III. kämpften unter Drachenbannern, die dem des sagenhaften Britenherrschers nachempfunden waren). Wie in Frankreich hatte der Hundertjährige Krieg eine katalytische Funktion für die Entstehung eines verbreiteten Nationalbewußtseins. Schon vor dem elisabethanischen Zeitalter, das die erste Phase englischer Seeherrschaft einleitete, hieß es im *Libelle of englyshe polycye*, es sei die Mission des Inselreichs, »*To make this lande have lordeshyp of the sea ...*«[67].

Allerdings gab es auch auffällige Unterschiede, etwa die besonderen Probleme, die sich aus der »Fremdherrschaft« der Normannen in England ergaben und die über mehrere Generationen hinweg andauerten. Weitere Schwierigkeiten entstanden durch die Aufsässigkeit der Barone, die zwar die Macht des Königs nicht brechen konnten, aber schon seit dem 13. Jahrhundert eine Art Recht auf Anhörung in bestimmten Fragen besaßen, das im 14. und 15. Jahrhundert auf Repräsentanten der Städte, also des Bürgertums, ausgedehnt werden mußte. Der Konflikt zwischen Krone und Parlament hat dann im 17. Jahrhundert zu einer Entwicklung geführt, die deutlich verschieden war von der französischen. Aus dem Experiment mit der Republik und dem Kollaps des Puritanismus zog man die Folgerung des Kompromisses zugunsten der Monarchie und eines Ausgleichs von Staatskirchentum und Pluralismus. Es ist nicht nur so, daß die Glorreiche Revolution ein Gleichgewicht zwischen König und Ständevertretung schuf, sie war auch der Ausgangspunkt für ein Nationalbewußtsein, das sich im Grunde bis heute in, wenn man so will: »antiquierten«, Formen äußert. Die Verschmelzung von Royalismus und Patriotismus und dann Imperialismus hat jedenfalls nie die Massendynamik entfaltet, die man dem französischen Jakobinismus und seinen Entwicklungsvarianten zugestehen muß.

Die relative Rückständigkeit ist auch ein Grund für den Mangel an innerer Homogenität. Die seit dem Mittelalter anhaltenden Versuche, die »britischen« Gebiete zu einen, waren letztlich nur durch Personalunion zum Erfolg zu führen. Der König als König von England, als König von Schottland und König von Irland, der Thronfolger als Fürst von Wales, das mochte die Grundlage für einen Staat sein, aber gegen einen »gesamtbritischen« Nationalismus gab es Hindernisse ganz anderer Art, als Frankreich sie bis heute im Konflikt mit einzelnen Regionen wie Korsika oder der Bretagne zu bestehen hat. Im Fall Irlands war schon aus konfessionellen Gründen niemals mit der Loyalität der Bevölkerung zu rechnen, Schottland mußte noch im 18. Jahrhundert militärisch pazifiziert werden, und lediglich Wales machte weniger Schwierigkeiten, nicht zuletzt, weil das Gebiet bis zum Beginn der Industrialisierung abgeschieden und unterentwickelt blieb. Es besagt das alles übrigens nichts gegen die Vitalität des englischen Nationalismus selbst, der sich bei dramatischen Gelegenheiten (zuletzt am Beginn des Falklandkriegs gegen Argentinien) oder grundsätzlich (im dauernden Konflikt mit der Europäischen Union) eindrucksvoll zu behaupten weiß und ein ganzes Repertoire altertümlicher Vorstellungen bewahrt hat: »Gott mit Heinrich – England – Sankt Georg!«.

Zwar besaß Spanien ähnlich wie England eine durch die Lage auf der iberischen Halbinsel weitgehend geographisch bestimmte Gestalt, aber nur im Rückblick erschien die *Reconquista* – der siebenhundert Jahre andauernde Kampf gegen die arabisch-islamischen Eroberer – als schmerzhafte Geburt der »spanischen« Nation. Die verschiedenen kleineren Königreiche, die 1492 bei Abschluß des Krieges in der Hand der Dynastien von Aragon und Kastilien vereinigt werden konnten, wurden erst im 16. Jahrhundert enger miteinander verbunden. Unter dem Vorzeichen der Gegenreformation erlebte Spanien seine Blütezeit und formte seine nationale Gestalt. Gleichzeitig verbrauchte der so entstandene Staat immense Energien bei der Eroberung eines Kolonialreichs vor allem in Süd- und Mittelamerika. Die Folgen waren auf lange Sicht eher nachteilig, was die Entwicklung der spanischen Infrastruktur betraf. Der spanische Nationalismus, der in dieser Zeit entstand, hat auf Dauer, eigentlich bis ins 20. Jahrhundert, eine hochmütige Abwehr aller äußeren Einflüsse forciert und jedenfalls dazu beigetragen, daß das Land dem »westlichen« Konzept der Nation nur in dem Versuch entsprach, das Kastilische analog dem Hochfranzösischen als Staatssprache durchzusetzen und alle innerstaatlichen Nationalismen – vor allem den baskischen – auszumerzen.

Sieht man vom englischen und vom spanischen Fall ab, bliebe als mögliches Beispiel für das »westliche« Modell der Nation noch Italien, das zwar schon seit dem Hochmittelalter ein eigenes, aus dem Kampf gegen den universalen Herrschaftsanspruch der Kaiser wie gegen das Ausgreifen Frankreichs entstandenes, Nationalbewußtsein kannte, allerdings erst im 19. Jahrhundert staatlich geeint wurde. Viele zeitgenössische Beobachter hielten es lange Zeit für wahrscheinlich, daß es selbständige süd- und norditalienische Staaten geben würde, da die Mentalitätsunterschiede der durch den Apennin getrennten Teile der Halbinsel zu groß seien.

Die Schweiz und die Niederlande, die bis 1648 zum Heiligen Römischen Reich deutscher Nation gehörten und dann eine eigenstaatliche Tradition begannen, blieben immer sehr stark von gewissen ständischen Prägungen bestimmt. Luxemburg löste sich sogar erst 1866 aus dem »Deutschen Bund«, Belgien wurde zwar schon 1830 gegründet, aber die Künstlichkeit dieses Staates und die permanenten Konflikte zwischen Flamen und Wallonen verbieten es, eine größere Ähnlichkeit mit Frankreich zu behaupten, abgesehen von dem lange Zeit rigiden Willen der

Zentrale, die »völkischen« Bewegungen, vor allem der Flamen, niederzuhalten.

Am häufigsten trifft man bei der Behauptung eines gemeinsamen »westlichen« Konzepts der Nation auf den Vergleich zwischen Frankreich und den USA. Beide, so vor allem die These derjenigen, die von einer »Atlantischen Revolution« am Ende des 18. Jahrhunderts ausgehen, seien geprägt von einem Verständnis der Nation, das einerseits auf der individuellen Freiheit beruhe (jeder tritt der Nation durch Entschluß bei) und andererseits von einem universalen Willen getragen sei (im Grunde ist die Nation nicht traditionell und parochial geprägt, sondern ein Abbild der zukünftigen Menschheit). Diese Verwandtschaft war auch schon den Zeitgenossen der amerikanischen und der französischen Revolution vertraut. Sie hatte ihren Anfang genommen mit dem Militärbündnis zwischen dem noch königlichen Frankreich und den aufständischen Kolonien, zeigte sich in der wichtigen Rolle, die ehemalige französische Freiwillige im amerikanischen Unabhängigkeitskrieg während der ersten Phase der Französischen Revolution spielten, und in der symbolischen Beeinflussung der französischen durch die amerikanische Revolution (Freiheitsmütze, Freiheitsbaum, Anrede mit »Bürger« und »Bürgerin«) und der Wanderung radikalerer demokratischer Ideen vom alten zum neuen Kontinent.

Allerdings war die amerikanische Nation aufgrund der besonderen Ausgangsbedingungen doch in vieler Hinsicht etwas ganz anderes als die französische. Schon daß hier keine Vorarbeit für die Staatsbildung durch ein *Ancien Régime* geleistet worden war und keine »natürlichen Grenzen« den Umfang des Territoriums bestimmten, spielte eine entscheidende Rolle. Die Bindung an das englische Mutterland war eng gewesen und der Bruch eher zögernd vollzogen worden. Die *Assembly* von Virginia jagte zwar den britischen Gouverneur aus dem Amt, schickte ihm dann aber eine Delegation nach, mit der Bitte seinen – republikanischen – Nachfolger zu ernennen. Selbstverständlich gab es in den dreizehn Kolonien über den Zeitpunkt der Unabhängigkeit hinaus eine stark »loyalistische« Opposition, die ihr englisches Nationalbewußtsein nicht aufzugeben bereit war, und der Aufbau der USA blieb von schweren Krisen begleitet, die sich über Jahrzehnte fortsetzten.

Die neue politische Elite des Landes war in vielem die alte und neigte zu einer konservativen Haltung. So behielten einige der Bundesstaaten sogar ihre Verfassungen aus der Kolonialzeit bis zum Beginn des 19. Jahrhunderts bei, und gegen unitarische wie demokratische Tendenzen gab es starke Widerstände. Die Abschiedsbotschaft Washingtons, sein »Testament«, verbunden mit der Aufforderung, sich aus den Händeln der alten Welt herauszuhalten, begründete eine isolationistische Haltung in Fragen der Außenpolitik. Das alles änderte sich erst mit der »Revolution von 1800«, dem Amtsantritt des republikanischen Präsidenten Thomas Jefferson, einem der Gründerväter, der aber immer die Auffassung vertreten hatte, daß der *spirit of '76* einer Ergänzung um neue, vor allem naturrechtliche Argumente bedürfe.

Bis dahin hatte die Berufung auf das positive Recht englischer Tradition die entscheidende Rolle gespielt – sogar die Abspaltung der Kolonien vom Mutterland galt vielen als Verfassungsbruch, um einem Verfassungsbruch zu begegnen –, Jefferson setzte dagegen eine aufklärerische und gleichzeitig sehr stark von Rousseau geprägte Vorstellung von Volkssouveränität. Er glaubte an die absolute Harmonie von Demokratie und Vernunftherrschaft, was in der Praxis dazu führen mußte, daß alle gegen den Staat gerichteten Bestrebungen – Angriffe von innen oder außen – nicht nur als irrational, sondern gleichzeitig als Attacken auf das Volk und das in ihm verkörperte Menschheitsprinzip zu betrachten waren. Die Konflikte zwischen den Nationen, meinte Jefferson, seien nur auf mangelnde Vernunft oder wahrscheinlicher auf die Umtriebe von Königen, Priestern und Adligen zurückzuführen. Wenn die Nationen ihrem wohlverstandenen Eigennutz folgen würden, kämen sie gar nicht darauf, eine andere als die vernünftige Staatsform zu wählen, wie sie die USA verwirklichen wollten.

Es sind in dieses Sendungsbewußtsein auch ältere Impulse aus der puritanischen Überlieferung, vor allem die Idee, ein »neues Israel« werde der Menschheit als Modell für das gottgefällige Zusammenleben dienen und so der Erlösung entgegen führen, eingeflossen, aber man muß Jeffersons Auffassung vor allem als »demokratischen Messianismus«[68] betrachten, der sich – darin dem jakobinischen Nationalismus ähnlich – trotz aller pazifistischen und humanitären Bekenntnisse problemlos mit einer imperialistischen Konzeption verbinden ließ, die immerhin schon zu Beginn des 19. Jahrhunderts den gesamten amerikanischen Doppelkontinent zum Interessengebiet der USA erklären konnte. In einem Brief an Madame de Staël schrieb Jefferson 1816: »Sonst ist es sündhaft, jetzt aber gottgefällig für Krieg und Zwist unter den Nationen zu beten, als für das einzige Mittel, um ihre verbrecherische Verbindung zu lösen.«[69] Es führt von dieser Vorstellung ein ziemlich gerader Weg bis zu den Ideen von der amerikanischen Mission, wie sie im 20. Jahrhundert die Präsidenten Woodrow Wilson, Franklin D. Roosevelt und – in abgeschwächtem Maß – John F. Kennedy und William Clinton vertreten haben.

Wie eine Vorwegnahme des Künftigen wirkte aber auch die Überzeugung Jeffersons, die Herrschaft der Vernunft durch Anpassung der Lebensweisen erzwingen zu müssen. So wurde das durch Kauf von Frankreich erworbene Louisiana sofort einem Anglisierungsprozeß unterworfen, um es »amerikanisch« zu machen. Es zeigt sich daran eine besonders wichtige Facette des amerikanischen Nationalbewußtseins, das sich in seiner Sicherheit, universale Vorstellungen zu verkörpern, selten hindern ließ, faktisch die kulturellen Konzepte der *WASPs* – der *White Anglo Saxon Protestants* – als »amerikanisch« und weiter als »allgemein-menschlich« zu propagieren.

Bei Jefferson findet sich auch schon die Vorstellung ausgebildet, daß die amerikanische Nation aus allen Völkern und Rassen zu einem neuen Ganzen zusammengesetzt werden müsse. Wieder lag die naive Konzeption zu Grunde, daß sich eben alle Einwanderer den Verhaltensmustern der weißen, englischstämmigen Mehrheit anzupassen hätten. Der Begriff »Schmelztiegel« wurde zu einem Zeitpunkt gebräuchlich, als die (vornehmlich englischen, irischen, skandinavischen und deutschen) Einwanderer von den »Altamerikanern« kaum verschieden waren, er wurde prompt in Frage gestellt, als sich Ende des 19. Jahrhunderts die Zusammensetzung der Ankommenden änderte und man (wenn auch vergeblich) versuchte, die Migration aus Süd- und Osteuropa sowie Asien aufzuhalten. Die *americanization* galt im Hinblick auf diese Gruppen und die schwarzen Nachfahren der aus Afrika importierten Sklaven als undurchführbar. Bereits 1926 erschien ein Buch des Soziologen Henry Pratt Fairchild unter dem Titel

The Melting-Pot Mistake, in dem darauf hingewiesen wurde, daß die »Amerikanisierung« nur bei vollständiger Aufgabe der früheren nationalen Identität möglich sei, auf Grund der starken kulturellen Differenzen bestimmte Gruppen zu diesem Opfer aber nicht bereit seien beziehungsweise durch engeren Zusammenschluß versuchten, einer entsprechenden Nötigung zu entgehen.[70] Die restriktive Einwanderungsgesetzgebung der zwanziger Jahre und die bis in die sechziger Jahre in einigen Bundesstaaten der USA gültigen Gesetze, die Ehen, zum Teil aber überhaupt sexuelle Beziehungen, zwischen Angehörigen verschiedener Rassen verboten, zeigten deutlich, wie gering das Vertrauen darein war, daß die amerikanische Nation tatsächlich *e pluribus unum* schaffen könne.

Bis in die Gegenwart gab es mit der weißen, ursprünglich sogar fast geschlossen angelsächsischen, Mehrheit in dem Schmelztiegel eine Grundsubstanz, die alle anderen band oder so gründlich ausstieß, daß sie sich in die freiwillig / unfreiwillige Ghettoisierung zurückzogen. Weder das eine noch das andere wird im kommenden Jahrhundert der Fall sein, wenn die Weißen zum ersten Mal in der Geschichte der USA eine Minderheit unter anderen Minderheiten bilden. Optimisten glauben, daß das Potential Nordamerikas und die Verheißungen des *american way of life* trotzdem genügen, die verschiedenen Elemente in einem multikulturellen System zusammenzuhalten. Andere meinen dagegen, daß man dem *disuniting of the United States* entgegengehe: dem völligen Zerfall der Nation in konkurrierende ethnische, religiöse und soziale Gruppen.

Alle westlichen Nationen haben mit Frankreich gemeinsam, daß sie in einem hohen Maß als »Staatsnationen« anzusprechen sind. Zuerst war die politische Organisationsform da, dann lernten sich die Einwohner des durch Grenzen abgesonderten Raumes als Glieder einer Nation begreifen. Daß dieses Konzept der Nation nur mit erheblichen Zwangsmitteln zu verwirklichen war, wurde schon erwähnt, daß es ein erstaunliches Maß an Stabilität unter Beweis gestellt hat, wird man im Ernst nicht bestreiten können. Allerdings liegt in dem Vorrang des Politischen auch eine Schwäche. Staatsnationen haben sich bisher nur dann auf Dauer etablieren können, wenn sie tatsächlich auf eine Menge von im weiteren Sinn »organischen« Voraussetzungen aufbauen konnten, die sie nicht geschaffen haben und die sie nicht regenerieren können. Die relative Einheit von Sprache, Kultur und ethnischer Zugehörigkeit war zwar keine hinreichende, aber doch notwendige Bedingung für die Entstehung einer Staatsnation. Da das staatsnationale Konzept »... immer nur politisch, nie vital orientiert«[71] war und wohl sein kann, mißachten seine Vertreter regelmäßig Bedingungen für die Existenz ihrer Nation und zerstören deren außer- oder vorpolitische Grundlagen.

Der deutsche Weg

Im Jahr 1989, also unmittelbar vor dem Mauerfall und der folgenden Wiedervereinigung, erschien in der Bundesrepublik ein Buch mit dem seltsamen Titel *Gibt es überhaupt eine deutsche Geschichte?*. Der Verfasser Hagen Schulze, Historiker und Professor am Friedrich-Meinecke-Institut der Freien Universität Berlin, war bis dahin durch Arbeiten zur Weimarer Republik hervorgetreten und stand in dem Ruf, ein Mann von gemäßigten Auffassungen zu sein. Seine Antwort auf die gestellte Frage fiel denn auch seltsam unentschieden aus. Man könne nicht von einer, man müsse von »verschiedenen deutschen Geschichten«[1] sprechen, meinte Schulze, über den längsten Zeitraum sei Deutschland nur »in negativer Weise eine politische Einheit« gewesen, seine Zersplitterung habe außerdem eine wohltätige Wirkung auf das europäische Gleichgewicht ausgeübt. Wenn man hier überhaupt einen historischen Gegenstand ausmachen wolle, müsse die deutsche Geschichte zuerst »entnationalisiert«[2] werden. Auf die Gegenwart bezogen ergebe sich eine zwingende Folgerung: der Verzicht der Deutschen auf einen Nationalstaat, denn die »... deutsche Kultur- und Sprachgemeinschaft kann nicht die Identität eines Nationalstaates begründen«[3].

Der Band Schulzes war für den westdeutschen Diskurs der achtziger Jahre nicht untypisch, seine Grundaussage löste keine Irritationen, geschweige denn Empörung aus. Die überwiegende Mehrheit der Intellektuellen hatte sich nicht nur mit der Teilung Deutschlands abgefunden, sie bejahte diese auch. Die Argumente waren im allgemeinen moralischer Natur: Die Zweistaatlichkeit sei die gerechte Strafe für die deutschen Verbrechen während der NS-Zeit, außerdem müsse jeder Versuch, den Status quo zu ändern, zwangsläufig zu militärischen Konflikten mit dem Ostblock führen. Es gab eine ganze Menge solcher Formeln, mit denen die Tatsache der Spaltung akzeptabel gemacht werden sollte. Teilweise wurden auch im engeren Sinn historische Argumente flankierend gebraucht, wie etwa das von der traditionellen Mehrstaatlichkeit Deutschlands oder das von dem fiktiven Charakter der deutschen Nation, deren Kontinuität eigentlich nur in den Köpfen bestimmter sozialer Gruppen bestanden habe, die ihre Stellung auf diese Weise zu verklären suchten, bis ein »begrenztes Elitenphänomen« schließlich in die »neumodische Ersatzreligion«[4] des Massennationalismus mit seinen ganz fatalen Folgen übergehen konnte. Derartige Meinungen haben die »Wende« von 1989 nur kurze Zeit überlebt.

Obwohl die Deutschen auch Jahre nach der Vereinigung weit von jeder »Normalität« entfernt sind, wird doch mit einer gewissen Selbstverständlichkeit angenommen, daß Deutschland ein Nationalstaat sei und die Deutschen eine Nation bilden. Auch Hagen Schulze mußte sich mit diesem Sachverhalt abfinden und legte 1996 eine *Kleine deutsche Geschichte* vor, die nun relativ stringent und an klassischen Mustern orientiert die Nationalgeschichte präsentierte.

Allerdings unterscheidet sich der Band doch von früheren Darstellungen dieser Art durch den betont aufklärerischen Gestus und die Entschlossenheit, die älteren Mythen der deutschen Nationalhistoriographie zu zerstören. Ein wichtiges Moment bildet dabei die Auseinandersetzung mit dem Hermanns-Mythos: »Nicht in den germanischen Urwäldern hat die deutsche Geschichte ihren Ursprung …«[5]. Es handele sich um eine anachronistische Vorstellung, derzufolge die deutsche Vor-Geschichte mit dem Kampf des Arminius gegen die Römer begann, sich in der Völkerwanderung und der Gründung der germanischen Staaten nach dem Untergang des weströmischen Imperiums fortsetzte, um einen ersten Höhepunkt im Aufstieg des fränkischen Reiches zur Zeit Karls des Großen zu finden. Das alles, so Schulze, sei abwegig, habe nichts oder nur sehr wenig mit den Deutschen als Nation zu tun.

Tatsächlich gibt es gerade unter den Spezialisten für die mittelalterliche Geschichte einen Konsens, demzufolge die Germanen nicht die »ersten Deutschen« waren, wie es ein außerordentlich populäres Sachbuch der sechziger Jahre noch wissen wollte, mehr noch: auch die sonst als Beginn der deutschen Geschichte reklamierten Daten, etwa die Ausrufung Konrads von Franken (911) oder Heinrichs von Sachsen (919) zum »deutschen« König sollen nicht in Frage kommen. Es habe damals nur verschiedene Stämme ohne Zusammengehörigkeitsgefühl auf dem Gebiet des später so bezeichneten »Deutschland« gegeben, aber keine Deutschen.

Das Wort »deutsch« kommt von *thiutisk* oder lateinisch *theodiscus,* was so viel wie »volklich« bedeutete. Es geht auf das Wort *theoda* zurück, das schon Wulfila in seiner gotischen Übersetzung des Galaterbriefes benutzte, um das griechische Wort für »Volk« wiederzugeben. *Theodiscus* ist zuerst 786 nachgewiesen im Zusammenhang mit dem Bericht über Beschlüsse einer Synode im britannischen Mercia, die den Zuhörern sowohl auf lateinisch – in der Sprache der Gebildeten und Kleriker – als auch *theodisce* – in der Sprache des Volkes – vorgelesen wurden. Gemeint war also ursprünglich keine spezielle Sprache, das *theodisce* bezog sich hier ja auf das Angelsächsische, sondern einfach ein Idiom, das alle verstehen konnten. Das Alemannisch, das Alt-Sächsisch, Bairisch oder Ostfränkisch dieser Zeit bildeten auch keine Einheit, es war jede Sprache für sich *theodisce*. Wahrscheinlich ist sogar ein ursprünglich abwertender Sinn von *lingua theodisca*, die einfach jede Verständigungsweise bezeichnete, die nicht zu den Hochsprachen Latein, Griechisch, Hebräisch gehörte.[6]

Anders als *theodisc* ist *thiutisk* oder *diutisk* nicht vor dem Jahr 1000 nachzuweisen und wurde nur selten gebraucht. Etwa 1080 taucht es in seiner mittelhochdeutschen Form *diutsch* im Annolied auf, in dem auch von *diutsche lant* die Rede war, womit aber kein einheitliches Territorium, sondern eine Vielzahl von Gebieten der Schwaben, der Baiern, der Sachsen und Franken gemeint war, die eben alle »deutsch« sprachen. Trotzdem kann man zu diesem Zeitpunkt davon ausgehen, daß »deutsch« auch als Selbstbezeichnung jener gebräuchlich wurde, die den ehemals ostfränkischen Reichsteil bewohnten.

Seit dem 10. Jahrhundert setzte sich allmählich die Bezeichnung *regnum teutonicum* für diese Region durch. *Regnum teutonicum* war wie *regnum germanicum* eine unter Gelehrten gebräuchliche Bezeichnung, die abgeleitet wurde von jenen Teutonen, die in antiker Vergangenheit zusammen mit den Kimbern die römischen Grenzen bedroht hatten. Um die Wende vom 11. zum 12. Jahrhundert spricht die Lebensbeschreibung des Bischofs Benno von Osnabrück über die *universa gens Teutonica* – »das gesamte deutsche Volk«[7].

Daß diese *gens* nicht uranfänglich vorhanden war, ist, entgegen der Suggestion, die Hagen Schulze und viele andere verbreiten, keine neue Erkenntnis. Allerdings ging man in der Vergangenheit nicht so weit wie heute manche Historiker und wollte glauben machen, daß die Deutschen in ihr nationales Dasein »schlitterten«, dessen Grundlage ein »offenes System« gewesen sei, das durch beliebige »... gentile Traditionskerne, namengebende Gruppen, ethnische Substrate« ebenso bestimmt wurde wie durch Einwanderung, Kolonisierung und kulturelle Dominanz fremder Einflüsse.[8]

Die einer derartigen Vorstellung zugrundeliegende Annahme besagt, daß Nationen das Produkt von Zufällen sind, jedenfalls sind sie eher »gemacht« als »geworden«, ein Konzept, das mindestens so problematisch ist wie die ältere Behauptung von einer organischen Entfaltung im Sinn eines natürlichen Wachstumsprozesses. Es gibt hier keinen Sinn mehr für die Wahrnehmung Friedrich Meineckes, der von »... Zeiten des mehr vegetativen und schlummernden Daseins der Nationen« sprach, in denen es nicht an kurzen Zeiten fehlte, »... wo sie das Auge aufschlugen«[9]. Die ältere Interpretation neigte zur Glorifizierung des »Volkes« als auch schon vorbewußter, vornationaler Einheit, die neuere neigt zu deren Horrifizierung.

Das Urvolk

»Es sind in den vorigen Reden angegeben, und in der Geschichte nachgewiesen die Grundzüge der Deutschen als eines Urvolks, und als eines solchen, das das Recht hat, sich das Volk schlechtweg, im Gegensatz mit anderen von ihm abgerissenen Stämmen zu nennen, wie denn auch das Wort Deutsch in seiner eigentlichen Wortbedeutung das soeben Gesagte bezeichnet.«[10] Mit diesen Sätzen beginnt die siebte von Fichtes Reden an die deutsche Nation. Gehalten hatte der Philosoph diese Vorträge im Winter 1807/08 in Berlin, also zu einem Zeitpunkt, an dem es mehr als fraglich war, ob es so etwas wie die von ihm angerufene Nation überhaupt gebe oder zukünftig noch geben werde: »... und wie lange wird es noch dauern, daß keiner mehr lebe, der Deutsche gesehen, oder von ihnen gehört habe?«[11]. In der Vergangenheit habe man zwar »die Deutschen als Eins nennen hören«, aber damit sei es nach dem Zerfall des alten Heiligen Römischen Reiches vorbei. Jetzt gelte es, die Nation durch »Nationalerziehung« überhaupt erst wieder zu sich selbst zu bringen. Daß das möglich sein werde, hielt Fichte für gewiß, denn er nahm eine besondere Jugendlichkeit der deutschen Nation[12] an, die auch mit ihrem Charakter als »Urvolk« zusammenhänge.

Die Vorstellung vom »Urvolk« der Deutschen, das durch eine »Ursprache« ausgezeichnet sei, die in ihrem Rang eigentlich noch die klassischen Kultursprachen überbot, und der »Volksseele« als Ausdrucksmittel diente, ist nur zu begreifen auf dem Hintergrund jener Neubewertung des »Volks«-Begriffs, wie sie im Übergang vom 18. zum 19. Jahrhundert durch die Romantik vorgetragen wurde. Die Romantik weckte in Deutschland wieder das Bewußtsein der Kontinuität, die die Vergangenheit mit der Gegenwart verknüpfte, sie weckte den Sinn für die Geschichte und glaubte, daß die Geschichte, besser: die Erinnerung an die Geschichte, Sinn stifte und das »Wesen« des Volkes, seine »Seele« erkennen helfe. So heißt es in Herders *Briefen zur Beförderung der Humanität*, die zwischen 1793 und 1797 erschienen: »Das mindeste Gefühl des Genius unserer Sprache und unserer Schriften zeigt etwas von den uraltesten Zeiten her. Leset Odfried, leset das alte Siegslied unter Ludwig; der gutmütige und biedre Charakter der Nation ist schon durchaus erkennbar ... Im Süden, wenn ihr wollt, ist mehr Lustigkeit und Frechheit; hier mehr Liebe und Ehre, Bescheidenheit und Tugend, Verstand und Herz. Rechtliche Ehrlichkeit also, Richtigkeit in Gedanken, Stärke in Willen und Ausdruck, dabei Gutmütigkeit, Bereitschaft zu helfen und zu dienen; dies ist die Gemütsart unseres Volkes, die es auch im Nachahmen, selbst im ungeschickten Nachahmen des Fremden nie verleugnen konnte. Denn woher fiel das Nachahmen der Deutschen oft so ungeschickt aus? Weil sie es allenthalben zu ehrlich meinten, so wurden sie oft getäuscht und betrogen. Die ganze Nachahmungssucht der Deutschen rührt von ihrer Gutmütigkeit her. Sie dachten zu bescheiden von sich, und wollten immer lernen, auch wo sie allenfalls lehren konnten ...«[13]

Hatten »Volk«, »Volksgeist« und »Volkstum« ursprünglich einen deutlich unpolitischen Charakter, so veränderte sich das in der Auseinandersetzung mit dem napoleonischen Frankreich. Männer wie Fichte, die ursprünglich die Revolution enthusiastisch begrüßt hatten, wandten sich von diesem Vorbild ab, nicht nur unter dem Eindruck der jakobinischen Greuel, sondern mehr noch wegen der Unterdrükkung der europäischen Nationen im Namen von *la nation*. In der Abwehr des politischen und kulturellen Imperialismus Frankreichs entstand so zu Beginn des 19. Jahrhunderts in Deutschland eine Vorstellung von Volk, das einerseits Entsprechung zur Nation sein sollte und durchaus als politisches *agens* verstanden wurde, andererseits aber auch etwas qualitativ anderes als Volk im allgemeinen Sinn, etwa *peuple français*, bedeutete, weil ihm größere historische Tiefe zukam.

»Völker« als vorpolitische, ethnische, kulturelle, sprachliche und religiöse Einheiten, sind eine seit der Antike bekannte Größe. Der *ethnos* oder *genos* im Griechischen etwa konnte durchaus die staatlich vielfach gespaltene Einheit aller Ionier oder Dorer bezeichnen. Bei Herodot findet sich der Hinweis auf das Griechentum, das durch Blut und Sprache eine Einheit bilde, gekennzeichnet durch die gemeinsame Verehrung der Götter, die gleichen Sitten und Bräuche. Demgegenüber war der *populus Romanus*, das »römische Volk«, eine ganz politisch verstandene Einheit. Schon hier zeigt sich also der Doppelsinn des Begriffs, der in gewisser Weise auch die oben skizzierte Auseinandersetzung um das »Volk« oder die »Nation« als Träger der Souveränität in Frankreich begleitete.

In der deutschen wie in den meisten anderen europäischen Sprachen diente das Wort »Volk« allerdings nicht nur der Bezeichnung ethnischer oder politischer Einheiten, es wurde auch bis ins 19. und teilweise bis ins 20. Jahrhundert verstanden als Bezeichnung für die »Menge«, für »arme liute«, was jeder Berufung auf das »Volk« einen »gefühlsdemokratischen«[14] Zug verlieh und begreiflicher Weise das Unbehagen einer aristokratischen oder monarchischen Obrigkeit wachrief. Bei Ernst Moritz Arndt, wohl dem wichtigsten Vertreter des neuen »Volks«-Gedankens, findet sich mehrfach der Hinweis auf die Dekadenz der Fürsten und Herren und die natürliche Güte oder wenigstens beeindruckende Regenerationskraft des einfachen Volkes.[15] Aber das ist eher nebensächlich im Hinblick auf den größeren Zusammenhang, der hier in Frage steht.

Tatsächlich kann man bei Arndt feststellen, daß ihm die klischeehafte Verkürzung, in der heute oft die Repräsentanten der frühen deutschen Nationalbewegung behandelt werden, nirgends gerecht wird. So war ihm zwar selbstverständlich, über »Unsre Vorfahren, die Germanen«[16] zu sprechen, aber im ersten Teil der Schriftenfolge *Geist der Zeit* hieß es in deutlicher Kritik der üblicherweise als romantisch betrachteten Verklärung der Vorzeit und des Mittelalters: »Durch unsere Geschichte läuft ein wunderlicher Wahn, woraus ich gar nicht klug werden kann. Wenn die Deutschen über die traurige Gegenwart klagen, so nehmen sie den Mund so gern voll von der Allmacht und unüberwindlichen Furchtbarkeit und Stärke ihrer Altvordern im Mittelalter. Ich habe mich danach umgesehen, sie aber nirgend so gefunden. Freilich, wenn man in der ältesten Zeit alles, was germanisch ist, deutsch nennt, wenn die Großtaten nicht allein der Cherusker, Markomannen, Franken sondern auch der Goten, Vandalen, Gepiden uns mit angerechnet werden, die wir doch nur ein Teil der Germanen oder, hoch gerechnet, ihre Nachbleibsel sind, als sie hingingen, die südlichen Länder und die Inseln zu besitzen, so zeichnet uns Trotz und Freiheitssinn aus, uns verherrlichen in allen Weltgegenden blutige Taten und Abenteuer, uns verherrlichen rauhe Tugenden der Barbaren; aber einen solchen Glanz hatten die meisten Völker in ihren Anfängen.«[17]

Wie diesem Passus unschwer zu entnehmen ist, war Arndt keineswegs der Meinung, daß die Völker übergeschichtliche Einheiten bildeten, die ganz aus sich heraus existierten; er betonte immer wieder, wie sehr sie ihrer Führer und Propheten bedürften, um überhaupt zu bestehen. Und ihre Stellung im Weltganzen war nicht die von abgeschlossenen Monaden, es gab im Denken Arndts durchaus einen universalistischen Bezug. Sogar in seiner berüchtigten Schrift über den Volkshaß, in dem er die Deutschen zum Kampf gegen Napoleon aufbot, hat er doch gleichzeitig festgestellt, daß der Haß des einen Volkes gegen das andere niemals das letzte Wort sein dürfe, im Hinblick auf das menschlich Große bestehe die Menschheit als eins.

Es erschien dieser ausführliche Hinweis auf Arndt notwendig, um der Karikatur des »Volks«-Gedankens wenigstens insoweit entgegenzutreten, als hier eine Differenzierung nötig ist. Damit sei unbestritten, daß es neben den Übertreibungen, wie Fichtes These vom »Urvolk« oder Jahns Hypostasierung des »Deutschen Volkstums«, auch wohl unvermeidliche Vergröberungen jener Gedanken gegeben hat, die von Herder über die beiden Schlegel und die Gebrüder Grimm, Görres und andere hervorragende Köpfe der Romantik bis zu Arndt im Hinblick auf das »Volk« entwickelt wurden. Hier sollte es aber zuerst darum gehen, das relative Recht dieser Vorstellung von der Selbständigkeit des Volkes zu begründen, als einer auch außerhalb der staatlichen Zusammenfassung bereits erkennbaren und sich seiner in einem gewissen Maße bewußten, vor allem kulturellen und sprachlichen Einheit. Es war der – wie ein später Vertreter dieses Denkens sagte – »ethnopathetische«[18] Zug in der Auffassung des »Volkes«, der in vieler Hinsicht die deutsche Vorstellung von der »Nation« nachhaltig bestimmte.

Völker sind historische Größen, aber sie sind »... nicht vereinbart, beschlossen, kontrahiert, gestiftet, gegründet, geschaffen, d.h. konventionell«. Das Volk ist nicht mehr Natur, aber auch nicht künstlich wie etwa der Staat künstlich ist. Es beruht oft auf »Abstammungs-«, in jedem Fall aber auf »Fortpflanzungsgemeinschaft«[19], und die »Ethnogenese«

ist ein in vielen Fällen durchaus rekonstruierbarer Prozeß. So konnte mit Hilfe archäologischer Funde gezeigt werden, wie die Verschmelzung fränkischer und burgundischer Gruppen in Nordostfrankreich stattfand, nachdem beide Gruppen über einen relativ langen Zeitraum in einem gemeinsamen Staat nebeneinander lebten.[20] Selbst in den mythischen Überlieferungen abstammungsstolzer Völker ist die Erinnerung an die Heterogenität der Anfänge manchmal erhalten geblieben; so heißt es in einem antiken Text an die Römer gewandt, sie hätten den ursprünglich rein latinischen Charakter des jungen Staates beeinträchtigt, indem »ihr Etrusker aufnahmt und Sabiner, Landstreicher, Herdlose und Fremdlinge in großer Zahl ... Sogar eure Herrscher habt ihr euch aus der Fremde geholt, und auch euer Senat besteht meist aus Zuwanderern.«[21]

Die moderne Naturwissenschaft bietet ein breites Repertoire von Methoden, um »Ethnogenesen« zu rekonstruieren, ohne Stiftungsmythen – den »Ethnogonien«[22] – blind zu vertrauen. Wie weit solche Konzepte führen, kann man etwa an dem Human Genome Diversity Project feststellen, das 1991 von Luigi Luca Cavalli-Sforza, einem renommierten Genetiker der Universität Stanford, begründet wurde und seitdem dessen Lebenswerk, die Rekonstruktion des menschlichen Stammbaums, zu vollenden sucht. Um feststellen zu können, wie sich *homo sapiens* von Afrika über die Kontinente ausbreitete und in immer neue Teilgruppen aufspaltete, hat Cavalli-Sforza seit Jahrzehnten Material gesammelt, um die »genetische Distanz«[23] zwischen den einzelnen ethnischen Gruppen zu bestimmen und festzustellen, an welchen Knotenpunkten des Stammbaums sich neue Verzweigungen ergeben haben.

Neuerdings sieht er sich dabei Angriffen von zwei Seiten ausgesetzt. Die eine Front wird von jenen Antirassisten gehalten, die schon das Wort Rasse für indiskutabel halten, »ethnisch« lediglich als bedenkliche Ersatzvokabel betrachten und sicherlich beunruhigt sind von der Behauptung, daß über die Länge der Geschichte »... ethnische und sprachliche Charakteristika korrespondieren und sich gleichartig verändern«[24]; so erklärte etwa der in Yale lehrende Anthropologe Jonathan Marks, wohl wissend, daß Cavalli-Sforza rein quantitativ arbeitet und jede inhaltliche Festlegung ethnischer Differenzen sorgfältig meidet: »Ich brauche keine Molekulargenetik, um zu wissen, daß die Dänen mit den Schweden näher verwandt sind als mit den Irokesen. Und ob sie nun näher mit den Österreichern oder Schweizern verwandt sind – das ist doch völlig irrelevant.«[25]

Wahrscheinlich dürfte diese Auffassung weder von Cavalli-Sforza noch von anderen Wissenschaftlern geteilt werden, entscheidender wirkt darum ein Angriff aus anderer Richtung auf das Human Genome Diversity Project. Mit der fortschreitenden Entschlüsselung der menschlichen DNA geht die Suche nach genetischen Besonderheiten nicht nur von einzelnen, sondern auch von Kollektiven einher, die unter anderem kommerziell genutzt werden könnten. Solche genetischen Besonderheiten findet man eher bei relativ isolierten Gruppen, die infolge exklusiver Heiratsgemeinschaft eigene genetische Pools bilden. Primitive in ihren Rückzugsgebieten, aber auch Sekten wie die Mormonen oder die Amish, stellen solche Pools dar und finden deshalb die besondere Aufmerksamkeit zahlreicher Mediziner und Biologen. Es gibt mittlerweile Untersuchungen über die verbreitete Resistenz gegen einen Leukämievirus, der dem Aidserreger eng verwandt ist, bei Angehörigen des Stammes der Hagahai in Papua-Neuguinea, über die Frage, warum in der Bevölkerung Westbengalens keine Cholera auftritt ebenso wie über die außerordentlich hohe Asthma-Anfälligkeit der Bewohner von Tristan da Cunha.

Zwar hat das Projekt von Cavalli-Sforza mit solchen Fragen kaum zu tun, sieht sich aber dem wachsenden Mißtrauen der sogenannten indigenen Völker ausgesetzt, die befürchten, daß ihr besonderes Erbgut etwa für die Produktion von Heilmitteln ausgebeutet oder eine Art von Segregation vorbereitet werden könnte, um die Ausbreitung »schlechter Gene« zu verhindern. Ihre Vertreter haben sich Ende der neunziger Jahre erfolgreich an die UNESCO gewandt und erreicht, daß ihnen ein Recht auf Schutz der genetischen Besonderheiten ihrer Gruppe eingeräumt wird.

Damit sind ethnische Gruppen aber auch über Erbinformationen definiert und dem immer wieder unternommenen Versuch der Boden entzogen, das Vorhandensein ethnischer Identität zu leugnen. Möglicherweise könnte hier eingewendet werden, daß die präzise Abgrenzung einer Ethnie nur noch im Fall der »Völker ewiger Urzeit« (Kurt Breysig) möglich ist, aber Cavalli-Sforza hat im Rahmen seiner Forschungen auch darauf hingewiesen, daß moderne Nationen meßbare genetische Gemeinsamkeiten besitzen. Er bestätigt damit eine ältere These des deutschen Ethnologen Wilhelm E. Mühlmann, der zwar gegen die romantische Idee vom »Urvolk« auf dem geschichtlichen Charakter der Völker bestand, deren kollektiven »Charakter« allerdings mit Hinweis auf ein im allgemeinen ethnisch homogenes »organisierendes Zentrum«[26] erklärte, das fremde Bestandteile anzog, assimilierte und durch die Behauptung einer gemeinsamen Abstammung an sich band.

In bezug auf die Eingliederung slawischer, baltischer, romanischer und illyrischer Elemente in das deutsche Volk, die Integration griechischer, arabischer und albanischer in das italienische oder die Fennisierung der Lappen läßt sich dieser Prozeß durchaus noch rekonstruieren. Die Ethnogenese der europäischen Völker vollzog sich normalerweise zu einem relativ frühen Zeitpunkt ihrer Entwicklung und war im weiteren Fortgang bald vergessen, die Angleichung beschränkte sich auf kleinere Gruppen, die in ihren eigenen Traditionen kaum gefestigt und deshalb zum Volkswechsel bereit waren. Der Prozeß blieb evolutionär, sollte er erfolgreich sein. Dagegen hat sich die Einschmelzung größerer fremder Ethnien, die möglicherweise eine umfassende Überlieferung und ein entsprechendes Selbstbewußtsein besaßen, in späterer Zeit immer als ausgeschlossen erwiesen, was an der erfolglosen Germanisierung der Polen oder der gescheiterten Jugoslawisierung / Serbisierung von Kroaten, Slowenen, Bosniern und Albanern deutlich festzustellen ist.

Im Regelfall gilt auch für moderne Staaten, daß ethnische Gemeinsamkeit trotz der Relativierung aller Distanzen zwischen den Völkern eine Grenzbestimmung für die politische Organisation der vielen einzelnen bleibt. Die zahlreichen Anläufe, diesen Tatbestand auszuhöhlen oder zu übergehen, sind durch die irrige und politisch gefährliche Vorstellung motiviert, daß das »Volk« grundsätzlich keine Rolle mehr spielen sollte.

Exkurs: Hans Kohns Theorie von Israel als Modell der Nation

Einer der Gründe für die fortdauernde Wichtigkeit des Faktors »Volk« liegt wahrscheinlich in dem Modell, das viele europäische Nationen bewußt oder unbewußt vor Augen haben, wenn es um ihre eigene ideale Gestalt geht. Dieses Muster ist das Volk Israel. Man findet nicht nur in den Schriften Rousseaus und Arndts[27] bewundernde Hinweise auf die Einheit von Volk – Staat – Religion bei den alten Hebräern, es gab auch einige praktische Versuche, die Ordnung des Mose auf die eigene Nation zu übertragen. Am bekanntesten ist wohl der von Cromwell nur mit Mühe abgewehrte Versuch der radikalen Puritaner gewesen, im Parlament per Beschluß die Einführung des israelitischen Gottesrechtes als Verfassungsgrundlage zu erwirken. Im angelsächsischen Bereich, nicht zuletzt in Nordamerika, hat die Vorstellung vom eigenen Volk als dem »neuen Israel« eine sehr lange Tradition, die folkloristisch noch in Hubert Parrys Hymne »Jerusalem« und im *british israelitism*[28], in der populären Idee, daß die Engländer der verlorene dreizehnte Stamm Israels seien, ihren Ausdruck findet.

Wahrscheinlich hat der Historiker und Politikwissenschaftler Hans Kohn über diesen Zusammenhang zwischen dem »Volk Israel« und allen anderen Völkern am gründlichsten nachgedacht. Kohn zeigte schon auf Grund seiner Biographie ein besonderes Interesse an dem ganzen Problemfeld »Nation«. 1891 in Prag als Sohn jüdischer Eltern geboren, wuchs er in einem Vielvölkerstaat, der Donaumonarchie, heran. Durch seine Herkunft Teil der privilegierten bürgerlichen deutschsprachigen Minderheit im böhmischen Kronland, war er gleich zwei Varianten nationaler Anfeindung ausgesetzt: von tschechischer Seite als Deutscher, von antisemitischer Seite als Jude. Bei Kriegsbeginn 1914 trat Kohn als Offizier in die österreichische Armee ein, geriet allerdings schon 1915 in russische Gefangenschaft. Er erlebte den Ausbruch der Revolution, die Machtübernahme der Bolschewiki und in den nichtrussischen Gebieten des ehemaligen Zarenreichs das Aufflammen des Emanzipationswillens der bis dahin unterdrückten nichtrussischen Völker.

Obwohl Kohn nach seiner Rückkehr 1920 die tschechoslowakische Staatsbürgerschaft annahm, beschloß er doch aus seiner Teilnahme an der zionistischen Bewegung die letzte Konsequenz zu ziehen und nach Palästina auszuwandern, um sich dem Aufbau eines jüdischen Staates anzuschließen. Kohn hatte vor dem Krieg in Prag der zionistischen Korporation Bar Kochba angehört, deren Name – abgeleitet vom Namen des Führers der letzten großen Revolte gegen die römische Herrschaft in Palästina (133 – 135) – schon als Symbol für einen besonders militanten Geist sprach. In seinen Lebenserinnerungen weist Kohn nicht nur auf den Einfluß von Fichtes *Reden an die deutsche Nation* unter den jungen Zionisten hin[29], sondern auch darauf, daß in Prag ein von ihm mitverantwortetes Symposion unter dem Titel *Vom Judentum* stattfand, an dem Martin Buber, Karl Wolfskehl und Gustav Landauer teilnahmen. Dabei habe vor allem die von Buber vertretene Vorstellung von der Einheit des Volkes in Blut und Geist besondere Wirkung entfaltet.[30]

In Kohns erstem Buch, das den Titel *Nationalismus, über die Bedeutung des Nationalismus im Judentum und in der Gegenwart* trug, hat er diese Position relativiert und eher an eine Versittlichung des Nationalen gedacht[31], später auch seine zionistischen Überzeugungen aufgegeben. Nachdem er längere Zeit als Korrespondent der *Frankfurter* und der *Neuen Zürcher Zeitung* im Mittleren Osten gearbeitet hatte, ging er 1933 in die USA und lehrte von da ab an verschiedenen Universitäten. Nach vielen Vorstudien erschien erst 1944 sein Hauptwerk *Nationalism*, das seit 1962 auch in deutscher Übersetzung vorliegt.

Hier heißt es ausdrücklich: »Die Juden und die Griechen sind die einzigen Völker der vorrömischen Antike, deren nationale Eigenarten klar hervortreten.«[32] Dabei stünden die Griechen allerdings hinter den Juden insofern zurück, als diese niemals eine einheitliche Organisation aller *Poleis* erreichten, während Israel tatsächlich für einen gewissen Zeitraum den Zusammenhang von Volk, Staat und Religion herstellen konnte. Dabei durchlief der jüdische Nationalismus seit dem Ende des zweiten vorchristlichen Jahrtausends verschiedene Entwicklungsstadien: angefangen beim Selbstverständnis als »auserwählte Rasse«[33], über eine Vorstellung vom in erster Linie religiösen Supremat gegenüber den »Heiden«, endend bei einer prophetischen Umwertung der alten Werte, die nur noch den einen Gott und die eine Menschheit kennt.

Gegen Kohns These wäre vor allem einzuwenden, daß das Nebeneinander der einzelnen Stufen im Grunde bis in die Gegenwart der jüdischen Gemeinschaft eine wichtige Rolle spielt und zu dem Verlangen strengster Exklusivität ebenso führen kann wie zu einem ausgesprochenen Universalismus. Vor allem der Staat Israel hat infolge der zionistischen Ideologie seiner Gründer niemals ganz klar zwischen den religiösen und den nationalen Vorgaben der Geschichte trennen können, zumal eben gerade das Bewußtsein dieser Geschichte die Hebräer und für lange Zeit nur sie in ihrem Selbstverständnis als Nation prägte. Noch die skandalierten Versuche der israelischen Behörden, Einwanderer aus Äthiopien und der ehemaligen Sowjetunion mit Hilfe von Gentests auf ihre Zugehörigkeit zum jüdischen Volk hin zu prüfen, gehören in diesen Zusammenhang.

Weiter wird man feststellen müssen, daß die von Kohn vertretene Position noch über seinen Kenntnisstand hinausgehend ihre Tragfähigkeit beweist: Das Alte Testament ist sicherlich der berühmteste Fall einer Ethnogonie, in der die Ableitung des Volkes Israel aus einer Wurzel – dem Samen Abrahams – ebenso klassisch ist wie die Verheißung eines »heiligen Landes« und die messianische Perspektive der Errichtung eines Großreiches. Dagegen stehen wohl die Ergebnisse der historischen Forschung, denen zu Folge die Hebräer bei ihrem Auszug aus Ägypten – an dem vielleicht nur einige »Stämme« teilgenommen haben – keine ethnische Einheit bildeten, sondern durch ihren Glauben zusammengehalten wurden, während ein politisches Gemeinschaftsgefühl erst nach der Landnahme unter dem Druck der Feinde entstand und dann zur Staatsbildung führte.

Stamm – Volk – Reich

Wenn oben darauf hingewiesen wurde, daß Europäer und Nordamerikaner in vieler Hinsicht am Modell Israels gelernt haben, sich selbst als Nationen zu begreifen, dann kann man für den deutschen Fall noch einen Schritt weitergehen. Hier hat die Vorstellung von »Stämmen«, die im Zuge einer »Volkwerdung« zur Einheit verschmelzen, ganz offensichtlich Anleihen an der biblischen Darstellung genommen. Historisch gesehen vollzog sich die Ethnogenese der Deutschen allerdings in mehreren »Stufen«[34] zwischen 843 und 936. Es handelte sich nicht um einen spontanen Vorgang, sondern um das Ergebnis des Zusammenspiels verschiedener geschichtlich wirksamer Faktoren.

Wie der französische ist auch der deutsche Staat aus den Trümmern des karolingischen Imperiums entstanden, aber die Grenze zwischen Ostfranzien und Westfranzien war mehr als eine politische, sie war auch eine kulturelle Scheidelinie. Sie trennte den romanisierten vom nichtromanisierten genauer: nur teilweise romanisierten Teil des alten Frankenreiches. Bereits unter Karl III., der als letzter Herrscher die Reichsteile wieder vereinigen konnte, wurde Westfranken in Urkunden als Gallia, Ostfranken als Germania bezeichnet. Die Erinnerung an das Karlsreich spielte zwar im Selbstverständnis der ost- und westfränkischen Herrscher auch nach der Teilung noch eine gewisse Rolle – sie trugen hier wie dort den Titel eines *Rex Francorum,* eines »Königs der Franken« –, aber in der Führungsschicht wuchs seit der Mitte des 9. Jahrhunderts die Entfremdung. Eine Chronik berichtet, daß es Anfang des 10. Jahrhunderts zu einer Schlägerei mit Todesopfern zwischen jungen Adligen aus Ost- und Westfranken kam, die sich gegenseitig wegen ihrer Sprache verspottet hatten.[35] Man kann in dieser Auseinandersetzung Vorformen des deutschen und des französischen Nationalbewußtseins wirksam sehen, aber ein »deutsches Volk« existierte zu diesem Zeitpunkt so wenig wie ein »französisches«. Im einen wie im anderen Fall hat erst die politische Entwicklung weitere Anstöße geben müssen.

In Ostfranken war es unter dem Druck der Ungarn- und Normanneneinfälle und angesichts der Unfähigkeit des letzten karolingischen Regenten 911 zur Wahl eines eingesessenen Herzogs, Konrads I., zum König und damit zum Dynastiewechsel gekommen. Aber ein anderer Prätendent, Heinrich von Sachsen, erkannte die Wahl nicht an und führte über Jahre hinweg Krieg gegen seinen Nebenbuhler. Der Überlieferung nach soll Konrad auf dem Sterbebett befohlen haben, seine Insignien dem Konkurrenten zu überbringen. Heinrich wurde in Fritzlar von Sachsen und Franken zum König ausgerufen, nach einigem Zögern erkannten ihn auch die Herzöge der Schwaben und Baiern an, es folgten Thüringer, Friesen und 925 noch die Lothringer.

Das Widerstreben der Herzöge und der »Stämme« selbst lag darin begründet, daß sie die Oberhoheit eines Monarchen überhaupt nur notgedrungen akzeptierten. Es existierte offensichtlich kein Zusammengehörigkeitsgefühl, das zur Schaffung eines eigenen Staates drängte. Paul Joachimsen hielt in seiner klassischen Darstellung *Vom deutschen Volk zum deutschen Staat* bündig fest, »... daß es im Jahre 919 und noch lange danach nichts gab, was man ein politisches deutsches Nationalbewußtsein nennen könnte«[36]. Allerdings glaubte Joachimsen und mit ihm die Mehrzahl der Historiker des 19. und der ersten Hälfte des 20. Jahrhunderts, daß man doch so etwas wie ein »Volksempfinden« bei den »Stämmen« voraussetzen dürfte.

Tatsächlich trat die Selbstbezeichnung *theudisk* nur relativ selten auf, wohingegen sich die Menschen im zehnten bis zwölften Jahrhundert in »Deutschland« immer selbstverständlich Sachsen, Baiern, Schwaben, Alemannen nannten. Offensichtlich war das »Volk« noch kein Ganzes und die Stämme mehr als Teile eines Ganzen. Überhaupt wird man sich von der Vorstellung trennen müssen, daß die Stämme etwas wie ein Zwischending von Sippe und Volk gebildet hätten[37], sie waren ihrem eigenen Verständnis nach »Völker« – *gentes* –, das heißt politische Gebilde mit gemeinsamer Ordnung, gemeinsamer kultureller und religiöser Tradition und dem Glauben an eine gemeinsame Abkunft. Auffällig ist auch, daß wohl jeder dieser »Stämme« einen Ursprungsmythos hatte, aber für das deutsche Volk insgesamt ein solcher bis zum Spätmittelalter fehlte.

Es ist deshalb fraglich, ob die sprachlichen Gemeinsamkeiten je genügten, um so etwas wie das von Joachimsen postulierte »Volksempfinden« der Deutschen hervorzurufen. Ein anderer Historiker, Gerd Tellenbach, meinte, daß erst der im Reichsdienst stehende Adel des 10. Jahrhunderts dem bis dahin nur ostfränkischen Reich so etwas wie eine eigene Identität gegeben habe. Noch später setzen Karl Ferdinand Werner und andere diesen Prozeß an, der frühestens im 11. und 12. Jahrhundert zu einem gewissen Abschluß gekommen sein soll.[38]

Was für die zuletzt referierte Annahme spricht, ist vor allem der anhaltende Widerstand der *gentes* gegen ein Aufgehen im größeren Verband. Sie besaßen zum Teil schon eine lange Geschichte und einen entsprechenden Überlieferungsbestand. Das unterschied sie von den germanischen Verbänden der früheren Zeit, die einem permanenten Veränderungsprozeß ausgesetzt gewesen waren und sehr oft sehr schnell wieder verschwanden, in verschiedene Gruppen zerfielen oder in größere Völker eingeschmolzen wurden. Diese Labilität der politischen Organisation kennzeichnete die Geschichte der Germanen in Antike, Spätantike und frühem Mittelalter. Bemerkenswert ist ja nicht nur, daß die schon einmal erwähnten Kimbern und Teutonen zu dem Zeitpunkt, als die Römer nach Germanien vordrangen, spurlos verschwunden waren, sondern auch, daß die von Caesar genannten etwa vierzig germanischen *gentes* zum Zeitpunkt der Völkerwanderung nicht mehr auftauchten. Den Germanen war ein starker Unabhängigkeitswille eigen, der sicher mit zur Schwäche ihrer politischen Ordnungen beitrug.[39]

Verglichen mit diesen älteren Formen waren die deutschen »Stämme« außerordentlich stabil. Das erklärt hinreichend ihre Zählebigkeit und den Mangel an Unterordnungsbereitschaft bei ihren Führern. Es erklärt wohl auch, wieso die Bezeichnung als »Deutsche« im Sinne eines zusammenfassenden Namens zuerst von außen und in einem durchaus pejorativen Sinn aufgetreten ist. Bis ins 10. Jahrhundert hatten sich die »deutschen« Könige als Herrscher in *Francia* verstanden; die *Francia orientalis* oder das *regnum Francorum orientalium* im Gegensatz zur *Francia occidentalis* war aber auf die Dauer keine hinreichend eindeutige Benennung. Die Schwierigkeiten vergrößerten sich noch, als Heinrichs Sohn Otto 962 auch die Kaiserkrone erwarb, was ihn einerseits wieder in die fränkische, darüber hinaus aber auch in die römische Tradition stellte. Otto I. nannte sich *rex,* später *imperator romanorum,* und sprach in Ermangelung eines anderen Oberbegriffs von *Francia et Saxonica,* um den »deutschen« Reichsteil zu benennen. Erst in der Auseinandersetzung mit dem Papsttum, dem sogenannten Investiturstreit während des 11. Jahrhunderts, wird der »deutsche König« erstmals als solcher bezeichnet. Um den Anspruch Heinrichs IV. herabzusetzen, nannte ihn Gregor VII. *rex Teutonicorum.* Der Terminus wurde dann von den Parteigängern Heinrichs aufgegriffen und positiv gewendet, so daß Lampert von Hersfeld für das *regnum Teutonicorum* ausdrücklich die Herrschaft über Italien in Anspruch nahm. Seine Chronik diente auch als Quelle für das um 1080 entstandene Annolied, in dem zuerst die Franken, Sachsen, Baiern und Schwaben als Teile eines größeren Ganzen, der »deutschen Lande« *(diutsche lant)*, bezeichnet wurde in dem »deutsche Leute« *(Diutsche liuti, diutschi man)* lebten.

Daneben blieben für eine Übergangszeit die älteren Bezeichnungen erhalten, und nicht zuletzt wegen der Angliederung Burgunds im Jahr 1032, was zur Bildung von drei *regna – Teutonica, Italia, Francia* – führte, war es unmöglich, vom Reich als dem »deutschen Reich« zu sprechen. Der übernationale Bezug wurde sogar noch verstärkt in der staufischen Zeit, nachdem Friedrich I. Barbarossa die Benennung *Sacrum Imperium Romanum* eingeführt hatte. Sein Enkel Friedrich II. verwandte in den berühmten Konstitutionen von Melfi eine Titulatur, die ein besonderes deutsches Königtum gar nicht mehr kannte, es praktisch aufgesogen schien durch den kaiserlichen Rang: *Romanorum Caesar, Italicus, Siculus, Hierosolymitanus, Arelatensis* – »Kaiser der Römer, König von Italien, Sizilien, Jerusalem, Burgund«.

Ob die Deutschen in größerem Maß Anteil am Schicksal der Staufer und ihrer hochfliegenden Pläne genommen haben, ist kaum zu entscheiden. Fest steht allerdings, daß Engländer und Franzosen in ihrem Affekt gegen die Deutschen als *homines imperatoris* einiges dazu beigetragen haben, deren Selbstbewußtsein zu fördern. Es finden sich im 13. Jahrhundert scharfe Angriffe auf den »deutschen Tyrannen«, und selbst ein Kirchenmann wie Johannes von Salisbury fragte mit Schärfe: »Wer hat die Deutschen zu Richtern über die Völker gesetzt?«[40] Selten ist das frühe deutsche Nationalbewußtsein aber schon in so verdichteter Form zum Ausdruck gekommen wie bei Walter von der Vogelweide. In dessen Gedicht »Ir sult sprechen willekomen« heißt es, wenn man den Text in heutiges Deutsch überträgt:

Ihr sollt mir ein Willkommen sagen:
denn der Euch Neues bringt, das bin ich!
Alles was Ihr bisher gehört ist ein Nichts:
jetzt aber fragt mich!
Freilich verlange ich Botenlohn.
Fällt er einigermaßen reichlich aus,
werd ich Euch wohl verkünden
was Euch Freude macht.
Seht zu, was Ihr mir Ansehnliches zu bieten habt.
Ich will deutschen edlen Frauen solches Loblied singen,
daß sie umso strahlender vor aller Welt dastehen werden.
Und natürlich will ich nicht groß belohnt werden.
Was denn könnte ich mir wünschen?
Sie stehen ja so hoch über mir.
So bin ich brav, und bitte sie um nicht mehr,
als daß sie mir freundlich entgegenkommen.
Ich habe viele Länder bereist
und mich immer bemüht, die Besten kennenzulernen.
Alles Böse soll mich treffen,
könnte ich je mein Herz dazu bewegen,
daß ihm ausländische Sitte und Art wohlgefielen.
Was nützte es mir,
für falsche Behauptungen zu streiten?
Deutsche Lebensart und Bildung übertrifft sie alle.

Von der Elbe bis zum Rhein
und wieder hierher bis an Ungarns Grenze,
da leben gewiß die Besten
die ich je fand in der Welt.
Versteh ich mich recht auf die Beurteilung
von gutem Benehmen und Schönheit
bei Gott, ich möchte wohl schwören,
daß hier die Frauen besser sind als
anderwärts.
Deutsche Männer sind wohlgebildet,
und recht wie die Engel sehen die Frauen aus.
Wer sie schmäht, der ist nicht bei Verstand –
anders kann ich ihn nicht verstehen.
Wer Reinheit des Wesens und der Liebe
finden will,
der möge in unser Land kommen:
da ist alle Herrlichkeit! Möchte ich ewig
darin leben![41]

Eine ältere, vor allem im 19. Jahrhundert einflußreiche, Deutung des Kaisertums hat diesem vorgeworfen, seine nationalen Zwecke verfehlt zu haben. Dabei wurde allerdings übersehen, daß solche Zwecke mittelalterlicher Politik an sich fremd waren. Auch die französischen Könige trieben nicht aus überlegener Einsicht National- und Realpolitik, sondern auf Grund des Zwangs der Gegebenheiten. Wenn sich ihnen nur entfernt die Möglichkeit bot, an dem Glanz des Imperiums teilzuhaben, suchten sie diese Möglichkeit zu nutzen. Insofern gehört es zu den Paradoxien der deutschen Geschichte, daß gerade die im Vergleich zu Frankreich sehr viel günstigeren Ausgangsbedingungen, die frühe Rangerhöhung, die Anknüpfung an die römische Tradition, langfristig Nachteile mit sich brachten, die den Weg hin zur Nation erschwerten.

Es läßt sich das besonders deutlich machen an dem, was man im Gegensatz zur französischen *religion royale* die *religion imperiale* nennen könnte. Das Reich besaß – nach dem Vorbild des oströmischen Kaisertums – im Erzengel Michael einen besonders vornehmen Schutzpatron. Aachen galt seit der Zeit Ottos, der sich als Erneuerer des karolingischen Imperiums betrachtete, wieder als Zentrum, und Friedrich I. betrieb mit Erfolg die Heiligsprechung Karls des Großen, der zum Mittelpunkt eines ganzen Systems von Bezügen in der Herrschaftssymbolik werden sollte. Die Kaiserkrone des 10. Jahrhunderts hielt man für seine Krone, das Reichsschwert für sein Schwert. Daneben war noch die Heilige Lanze unter den Kroninsignien mit besonderer Würde ausgestattet, weniger, weil sie das älteste Herrschaftszeichen war, sondern weil sie einen Nagel vom Kreuz Christi enthielt. Der Kaiser galt bis in die staufische Zeit als Herrscher, der priesterliche und königliche Befugnisse vereinigte. Zu seinem Ornat gehörten nicht nur jene Kleidungsstücke, deren ehrwürdige Tradition bis in das antike Rom zurückreichte, sondern auch die Alba und die Mitra, die Bischofsmütze, die unter der Krone getragen wurde, so daß der Herrscher praktisch den Status eines Klerikers erhielt.[42] Aber nichts von dem, was den Kaiser symbolisch umgab, konnte zum Mittel nationaler Integration werden, mehr noch: jeder Bezug allein auf die Nation wäre einer Degradierung gleichgekommen.[43]

Trotzdem hat auch das Kaisertum zur Entwicklung der Nation beigetragen, nicht nur, weil es ein erstes Nationalbewußtsein in Adel und Klerus entstehen ließ, sondern vor allem, weil es die politische Phantasie aller Teile des Volkes, gerade auch der niederen Schichten, beschäftigte und erfüllte. In diesem

Zusammenhang spielt nicht nur die ganz praktische Erwartung der Städte und der Bauernschaft des Mittelalters eine Rolle, daß ein gerechter Kaiser sie vor den Übergriffen der Herren schützen werde, sondern – und vielleicht mehr noch – die Vorstellung von der Wiederkehr verstorbener Kaiser: ein Gedanke, der ursprünglich auf Karl den Großen, dann aber vor allem auf Friedrich II. (erst nachträglich Friedrich I. Barbarossa!) bezogen wurde. Bereits unmittelbar nach dem Untergang der Staufer verbreitete sich die Sage, daß Friedrich gar nicht gestorben sei, sondern entrückt wurde und nur darauf warte, wiederzukehren. Vom Ende des 13. bis zur Mitte des 16. Jahrhunderts traten immer wieder »falsche Friedriche« auf, die teilweise großen Anhang gewannen. Man hat darin mit Recht ein Fortleben ähnlicher Vorstellungen aus germanischer Zeit gesehen, muß aber hinzufügen, daß die Idee des Kaisers, »… der niemals stirbt«[44], in erster Linie ein Reflex der Wahrnehmung besonderer Not von Reich und Nation war. Bis ins 19. Jahrhundert blieben die Sagen ungebrochen populär, wonach Karl der Große im Untersberg bei Salzburg, Friedrich im Kyffhäuser auf ihre Stunde warteten, um Deutschland zu retten.

Die Agonie

Der entscheidende Grund dafür, daß Volk und Reich als Grundlage für die Entstehung eines Nationalstaates nicht genügten, lag in der politischen Schwäche des Kaisertums. Das Fehlen funktionstüchtiger Institutionen trug seit dem 13. und 14. Jahrhundert dazu bei, daß das Imperium seinen ursprünglichen Rang fast vollständig einbüßte. Niemals war es gelungen, den Gedanken der Erbmonarchie durchzusetzen, lange Zeit fehlte sogar ein geregelter Wahlvorgang. Die Macht der Fürsten wuchs in einem Umfang an, der den Kaiser fast nur noch wie einen der ihren erscheinen ließ, lediglich ausgestattet mit einer höheren, wenngleich inhaltsleeren und äußerst kostspieligen Würde.

Vor allem aber fehlten Deutschland die Eigenschaften der *patria*. Zwar wurde das Gebiet »Deutschlands« relativ früh als politische Einheit betrachtet – schon beim Übergang der Herrschaft von Heinrich auf Otto war keine Teilung in Betracht gezogen worden, obwohl es mehrere Königssöhne gab –, aber die Expansion des Reiches förderte eine Heterogenität, die immer schwerer zu bändigen war. Die Unterschiede zwischen den einzelnen Teilen des Imperiums, das im Mittelalter zeitweise von Antwerpen bis Ungarn, von Besançon und Arles bis Prag, von Dänemark bis Rom und Sizilien reichte, wurden zu groß. Da eine Zentrallandschaft fehlte und kein Herrscher sich ohne »Hausmacht« behaupten konnte, brachte jeder Dynastiewechsel außerdem eine Verschiebung des geographischen Zentrums mit sich: vom Nordrand des Harzes unter den sächsischen Königen nach Schwaben zur Zeit der Staufer, dann in den Südosten bei den Luxemburgern und schließlich nach Wien unter den Habsburgern. Es hat diese dauernde Verlagerung zusammen mit dem Fehlen einer Hauptstadt und dem Mangel an »natürlichen Grenzen« ganz wesentlich zur Schwäche des Reiches in seiner Spätzeit beigetragen. Schon in einer am Ende des 19. Jahrhunderts erschienenen geopolitischen Studie über Deutschland schrieb Friedrich Ratzel: »Das alte deutsche Reich war in einen größern Raum hinein gestellt, als es beherrschen konnte, und dieser Raum war im Osten und Westen schlecht begrenzt. Daher die Verlegung der Wachstumsziele und -richtungen Deutschlands von Jahrhundert zu Jahrhundert und das Schwankende der ganzen Entwicklung. Niemals hat in den Jahrhunderten, die die wichtigsten gewesen sind, Deutschland seine ganze Kraft einem großen Plane dauernd dienstbar gemacht. Daher ist es als Machtgebiet am spätesten und als Völkergebiet überhaupt nicht ›fertig‹ geworden, trotz oder vielmehr wegen des ehrwürdigen Alters des deutschen Kaisertums.«[45]

Allerdings hat gerade die Zeit des Niedergangs zu einer deutlicheren Ausprägung des politischen Nationalbewußtseins geführt. Das Reich, das man bis dahin immer noch in der römisch-fränkischen Tradition gedeutet hatte, wurde seit dem Ende des Mittelalters klarer als ein »deutsches« Reich angesehen. Im 15. Jahrhundert tauchte regelmäßig der Hinweis auf die deutsche Nation als politische Bezugsgröße auf, etwa wenn sich Maximilian I. 1496 an »... des hailigen reichs stend teutscher und wälscher nacion« wandte.[46] War »Heiliges Römisches Reich deutscher Nation«, die quasi offizielle Bezeichnung des Imperiums seit dem Anfang des 16. Jahrhunderts, ursprünglich im Sinn der Klarstellung gemeint, dahingehend, daß das Reich eben größer sei als die »deutsche Nation«, so kamen die Begriffe »Reich« und »Deutschland« jetzt fast zur Deckung.

Daß es zu diesem Zeitpunkt längst »Deutsche« gab, die sich als solche verstanden, ist unbestreitbar. Seit dem Ende des 14. Jahrhunderts kann man von einem verbreiteten Nationalbewußtsein ausgehen, das nicht mehr nur die Eliten, sondern auch das »Volk« erfaßt hatte. Hier trat ein solches Selbstverständnis vor allem in Liedern und Sprichwörtern hervor, in denen die Vorzüge der Deutschen und die abträglichen Charaktereigenschaften fremder Völker – »was walsch ist, falsch ist« – besungen wurden. Naturgemäß waren solche Wahrnehmungen besonders intensiv in den Grenzprovinzen.

Die Ostsiedlung hatte seit dem 11. Jahrhundert zu einer sukzessiven Ausdehnung des vom Deutschen geprägten Bereichs geführt. Die deutsche Sprache und das *ius teutonicum*, das die Kolonisatoren mitbrachten, gewannen dabei große Bedeutung. In dem deutsch-slawisch-baltischen Übergangsgebiet, aber auch in den deutschen Siedlungsinseln Ostmittel- und Osteuropas gab es ein ausgeprägtes Überlegenheitsbewußtsein der Deutschen, aber auch eine klare Vorstellung davon, zu einer größeren nationalen Gemeinschaft zu gehören. In der Chronik des Heinrich von Lettland ließ der Verfasser einen der Beteiligten während der Schlacht gegen baltische Feinde sagen: »Treten wir zusammen, deutsche Brüder, und sehen zu, ob wir streiten können und fliehen wir nicht vor ihnen und bringen keine Schmach über unser Volk.«[47]

Oft galten die Slawen als »barbarisch«, den Deutschen ausdrücklich nicht gleichrangig. Umgekehrt gab es heftige Anfeindungen gegen die Deutschen in Böhmen und Polen seit dem 14., in Ungarn seit dem 15. Jahrhundert. Schon in der tschechischen Reimchronik des sogenannten Dalimil hat man alle Deutschen als Übeltäter bezeichnet und ihre Austreibung aus dem Lande verlangt, wie sie dann während der Hussitenkriege tatsächlich sehr gründlich vollzogen wurde.[48] Die Entstehung des tschechischen Nationalgefühls zeigte der des deutschen verwandte Züge, insofern als hier seit dem Hochmittelalter zwar eine kulturelle Identität gewachsen war – was etwa an den Auseinandersetzungen um die »Nationen« an der

Prager Universität deutlich wurde –, aber keine Möglichkeit einer staatlichen Zusammenfassung bestand. Das Königreich Böhmen gehörte zum Heiligen Römischen Reich, und die Bevölkerung war aus Tschechen und Deutschen gemischt. Die Konflikte, die sich dann, ebenfalls von der Prager Hochschule ausgehend, zuerst an theologischen Fragen entzündeten, spitzten sich rasch zu in Richtung auf einen nationalen beziehungsweise nationalreligiösen Kampf. Jan Hus füllte schon sein Exemplar der Schriften Wyclifs nicht nur mit zustimmenden Kommentaren, sondern auch mit Ausbrüchen von Deutschenhaß.[49] Als er 1415 in Konstanz hingerichtet wurde, geschah das ausdrücklich nicht nur wegen Ketzerei, sondern auch, weil er »... die Böhmen gegen die Deutschen« aufgehetzt hatte.[50]

Wie im Osten gab es auch im Westen eine deutliche kulturelle Scheidelinie zwischen dem deutschen und dem nichtdeutschen Bereich. Allerdings sahen sich hier die Deutschen und mit ihnen die kleineren germanischen Völker in der Rolle der »Primitiven«, denen seit dem Hochmittelalter eine sehr selbstgewisse französische »Zivilisation« gegenüber trat. In einem flämischen Gedicht des 14. Jahrhunderts hieß es:

Die Christenheit besteht aus zwein:
Die welsche Zunge ist die ein',
Die andre die dietsche ganz allein.[51]

Das »dietsche« umfaßte nach damaligem Verständnis den ganzen hoch- und niederdeutschen Sprachraum und demgemäß bildete sich eine Vorstellung vom prinzipiellen Gegensatz der »Walschen« und der »Dietschen«, der besonders während der Burgunderkriege des 14. und 15. Jahrhunderts zum Ausdruck kam. Dabei kehrten nicht nur die Selbstzuschreibungen wieder, denen man eine lange Tradition nachweisen kann, etwa, daß die Deutschen redlich, aber auch naiv, fromm und kriegerisch seien, es ging auch darum, daß sie als Nation durch den kontinuierlichen Gebietsverlust gegenüber den »Welschen« geschädigt wurden und ihre Ehre durch die Übergriffe litt.

Im engeren Reichsverband galten jetzt die »deutschen Lande« oder »Deutschland« – seit etwa 1500 war auch der Singular gebräuchlich – ausdrücklich als »Vaterland«, so daß die Eidgenossen im Kampf gegen Karl den Kühnen erklärten, es gehe um »Die ere und rettung des heiligen richs und besunder ouch unsers gor gnaedigen hern herzog Sigmunden von Österich und gemeiner Tütschen nation, den wir ouch zubegliedert sind ...«[52]. Immer wieder kehrte die Behauptung, daß der Burgunder nicht nur die Nation, sondern auch ihre Sprache und die »deutsche Freiheit« zerstören wolle. Der Begriff des »Reiches« verlor seine mittelalterliche Universalität, die sich nur als Nachklang früherer Größe und Macht erhielt, die man vielleicht in Zukunft wieder erlangen könnte.

Auf dem Hintergrund dieser Nationalisierung des imperialen Gedankens in Deutschland wird auch die zunehmende Polemik gegen den Karlskult der Franzosen verständlich. Er wurde in Verbindung gebracht mit der notorischen Absicht der französischen Könige, eine besonders vornehme Abkunft zu reklamieren, die Vorstöße gegen Reichsgebiet zu rechtfertigen und sich endlich die Kaiserkrone anzueignen. Dagegen wiesen die zeitgenössischen Schriften deutscher Autoren darauf hin, daß Karl ein deutscher Herrscher gewesen sei, wie überhaupt die Franken »Deutsche« und keine »Welschen« waren, was nicht nur an den Namen der karolingischen Könige und Kaiser abzulesen sei, sondern auch an der Pflege, die Karl der deutschen Sprache angedeihen ließ. Die Deutschen seien die legitimen Erben der Franken und diese Nachfahren der Trojaner – ein seit dem Spätmittelalter auch unter den Deutschen verbreiteter Herkunftsmythos – und deshalb nach den Römern die gegebenen Herren des Reiches.

Es hat der neue Nationalismus bei keinem Autor des späten Mittelalters so entschiedenen Ausdruck gefunden wie bei dem sogenannten Oberrheinischen Revolutionär. Dieser Anonymus aus der Zeit Maximilians I. stand wohl allein mit seinem völkischen Radikalismus, er war aber doch symptomatisch für den Hitzegrad, den das durch den lang anhaltenden Niedergang des Reiches gedemütigte, in diesem Fall noch durch die französischen Angriffe auf die elsässische Heimat des Verfassers gesteigerte, Nationalgefühl erreichen konnte. Für den Verfasser waren Deutsche und Franzosen Erbfeinde, deren Konflikt andauern mußte, bis die universale Herrschaft des deutschen Kaisers durchgesetzt sein würde. Dann sollte auch die »heilige« deutsche Sprache wieder in ihr ursprüngliches Recht eingesetzt werden. Aufschlußreich, daß die Macht des Monarchen aber nur eine bedingt absolute war. Verstieß der Kaiser gegen das »gesatzte Recht«, hatte das Volk die Pflicht, ihn abzulösen und einen würdigeren Nachfolger zu wählen, »wen daz volk macht ein keiser und der keiser macht nit daz volk«[53].

Man könnte den Oberrheinischen Revolutionär der »Aufbruchsgeneration von etwa 1470«[54] zurechnen, die, inspiriert von Renaissance und Humanismus, im Politischen an die Möglichkeit glaubte, daß die zu ganz neuer Machtfülle aufsteigende Dynastie der Habsburger auch dem Reich eine Zukunft als *pa-*

tria der Deutschen eröffnen würde. Daß sich die Politik im ausgehenden 15. und dann im 16. Jahrhundert des nationalen Arguments bediente, kann allerdings nicht darüber hinwegtäuschen, daß die Appelle des Kaisers oder der Territorialherren an den deutschen Patriotismus selten einem gesamtstaatlichen Zweck dienten. Heinrich II. von Frankreich wußte genau, auf welche Eitelkeiten und Interessen der Reichsstände er sein Schreiben berechnete, in dem er sie zur Verteidigung der »deutschen Freiheit« aufforderte, so wie umgekehrt die Habsburger bei dem Appell an den Reichstag, die Abwehr der Türken zu unterstützen, immer auch den Ausbau oder doch wenigstens die Stabilisierung ihres ostmitteleuropäischen Reiches bewirken wollten.

Befürworter ohne Hintergedanken hatte die deutsche Sache nur bei den Männern der Feder. Seit der Wiederentdeckung der *Germania* des Tacitus glaubten die humanistischen Kreise in Deutschland, endlich ein Mittel gegen den italienischen und französischen »Kulturchauvinismus« gefunden zu haben.[55] Die mangelhafte territoriale Kenntlichkeit Deutschlands schien mehr als ausgeglichen durch das hohe Alter und die überlegenen Tugenden der Deutschen und ihrer germanischen Vorfahren. Sogar die Idee des »Urvolks« wurde vorweggenommen, wenn es bei Konrad Celtis hieß, das Volk der Germanen sei »ureingeboren«, »... seine Entstehung nicht ableitend von einem anderen Volk«[56]. Damit im Zusammenhang wurde die Identität der Deutschen bestimmt durch die Sprache, – ein Motiv, das seit der »humanistischen Romantik«[57] für das deutsche Nationalbewußtsein immer eine entscheidende Rolle spielen sollte.

Als 1515 neben der *Germania* ein weiteres Werk des Tacitus, die *Annales*, dem Publikum zugänglich gemacht wurden, nahm das Ulrich von Hutten zum Anlaß, die hier geschilderte Figur des Arminius in einem Totengespräch nach antikem Vorbild auftreten zu lassen. Der Dialog sollte die Deutschen als Nachfahren des Cheruskers aufrütteln, zum Kampf gegen die Herrschaft des »römischen« Papstes und der Pfaffen, um die »freyheit« – nach Meinung Huttens wie der deutschen Humanisten überhaupt, der germanische Wert schlechthin – zu erkämpfen. Es erklärt das hinreichend, warum Hutten hoffte, die Reformation Martin Luthers werde auch zu einer nationalen beziehungsweise nationalkirchlichen Erneuerung führen. Luther, der sich durchaus als »Prophet der Deutschen« verstand, war aber schon nicht imstande, die anfangs sehr rasch den deutschen Sprachraum erfassende evangelische Bewegung in geordnete Bahnen zu lenken und tatsächlich eine Reformation der ganzen Kirche zu erreichen. Wie viel weniger konnten er und seine Anhänger Erfolg in der Politik haben, nachdem sich der Kaiser gegen die neue Lehre gestellt hatte.

Mehr als hundert Jahre lang sollten konfessionelle Kämpfe in Deutschland zu einer neuen Zersplitterung führen, die die bereits bestehende territoriale noch überlagerte. Der Appell des Augsburger Religionsfriedens von 1555 an die »liebe deutsche Nation« zeitigte keine guten Früchte, auch wenn der ganz große Kampf mit einiger Verzögerung erst 1618 ausbrach. Er sollte dreißig Jahre dauern und in einer Weise enden, die man zu Recht als Urkatastrophe der deutschen Geschichte in der Neuzeit bezeichnet hat.

Zahllos sind die Klagen über »Das arme und in den letzten Zügen liegend Teutschland«, selten die hoffnungsvollen Appelle wie Georg Rodolf Weckherlins Sonette *An das Teutschland*[58]:

Zerbrich das schwere Joch,
darunder du gebunden,
o Teutschland, wach doch auff,
faß wider einen muht,
Gebrauch dein altes hertz,
vnd widersteh der wuht
Die dich, vnd die Freyheit
durch dich selbs vberwunden.
Straff nu die Tyranney,
die dich schier gar geschunden,
Vnd lösch doch endlich auß
die (dich verzöhrend) glut,
Nicht mit dein aignem schwaiß,
sondern dem bösen blut
Fliessend auß deiner feind
vnnd falschen brüder wunden.
Verlassend dich auff Got,
folg denen Fürsten nach,
Die sein gerechte hand will
(so du wilt) bewahren,
Zu der getrewen trost, zu
der trewlosen raach:
So laß nu alle forcht,
vnd nicht die zeit hinfahren,
Vnd Got wird aller welt,
daß nichts dan schand vnd schmach
Des feinds meynaid vnd stoltz gezeuget,
offenbahren.

Der Westfälische Friede von 1648 machte die Landesherren faktisch souverän. Obwohl ihnen das *pro forma* verboten war, wandten sie sich auch je nach politischer Lage gegen Kaiser und Reich. Dabei spielten vor allem die Angebote des französischen Königs, im Zusammenwirken mit den Fürsten die »deutsche

Freiheit« gegen die Habsburger zu schützen, eine wichtige Rolle. Diesem politischen korrespondierte der kulturelle Einfluß Frankreichs auf Deutschland im 17. und 18. Jahrhundert. Es konnte so scheinen, als schiebe sich eine gebildete, französischsprachige Elite über eine deutschsprachige Restbevölkerung. Waren bis dahin das Latein als Wissenschaftssprache und das Italienische als Bühnensprache herrschend, so wurde das Französische jetzt eine kulturelle Macht, die auch den Alltag zu bestimmen anfing. Neben Gallizismen drangen französische Versformen, französischer Denkstil und französische Kunstauffassungen ein und führten zu einer Überfremdung, gegen die sich »Barockpatrioten« und dann einige national gesonnene Aufklärer wohl zur Wehr setzten, aber für lange Zeit ohne jeden Erfolg.

Obwohl seit der Mitte des 18. Jahrhunderts die Zahl neuer Worte, die mit dem Begriff »Nation« verbunden wurden – wie »Nationalerziehung«, »Nationalliteratur« oder »Nationaltheater« –, deutlich wuchs, zeigte sich immer deutlicher, daß es die politische Schwäche des Reiches war, die jede Erneuerung der Nation ausschloß. 1763 stellte Friedrich Karl Moser fest, daß die Ursache für den Verfall des »deutschen Nationalgeistes« in der völligen Machtlosigkeit der bestehenden politischen Verfassung zu suchen sei: »Wir sind Ein Volk, von Einem Namen und Sprache, unter Einem gemeinsamen Oberhaupt, unter Einerlei unsere Verfassung, ... an innerer Macht und Stärke das erste Reich in Europa, dessen Königskronen auf deutschen Häuptern glänzen und so, wie wir sind, sind wir schon Jahrhunderte hindurch ein Rätsel politischer Verfassung, ein Raub der Nachbarn, ein Gegenstand ihrer Spöttereien, ausgezeichnet in der Geschichte der Welt, uneinig unter uns selbst, kraftlos durch unsere Trennungen, stark genug, uns selbst zu schaden, ohnmächtig uns zu retten, unempfindlich gegen die Ehre unseres Namens, gleichgültig gegen die Würde der Gesetze, eifersüchtig gegen unser Oberhaupt, mißtrauisch unter einander; unzusammenhängend in Grundsätzen, gewalttätig in deren Ausführung, ein großes und gleichwohl verachtetes, ein in der Möglichkeit glückliches, in der Tat selbst aber sehr bedauernswürdiges Volk ... Wir kennen uns selbst nicht mehr; Wir sind uns untereinander fremde geworden, Unser Geist ist von uns gewichen ...«[59].

Die preußische Nation

Der Aufklärer Thomas Abbt hat in einer Erwiderung auf die Gedankengänge Mosers geäußert: »Was für einen Mann will denn der Herr von Moser haben? ... Den deutschen Bürger? Er muß erst ein deutsches Interesse feststellen, an dem alle Untertanen der verschiedenen Prinzen in Deutschland nach gemeinschaftlichen Gesetzen und Verbindlichkeiten Anteil nehmen können. Sobald es aber preußische und österreichische Untertanen gibt, sobald deren Regenten verschiedene Interessen haben, so ist es nicht mehr die Pflicht weder des preußischen noch des österreichischen Untertanen, zu untersuchen, was eigentlich das deutsche Reich von ihm fordert: ... und wenn er diese Schuldigkeit auch in den schwersten Fällen beachtet, so ist er der preußische oder der österreichische Patriot«[60].

Die Replik stammt aus dem Jahr 1761, entstand also während des Siebenjährigen Krieges, als dessen Hauptkontrahenten eben Preußen und Österreich auftraten, von denen das Schicksal Deutschlands entschieden werden sollte. Dabei ist nicht ohne Berechtigung eine »Wesensverbundenheit«[61] von Österreich und Reich bis in die erste Hälfte des 18. Jahrhunderts behauptet worden. Noch unter der Herrschaft Josefs I. wurde der entschlossene Versuch gemacht, die Stellung des Kaisers nicht nur gegenüber den Partikularinteressen der Fürsten durchzusetzen, sondern im Kampf gegen die vordringenden Türken auch seinen Rang als Verteidiger des Glaubens und *advocatus ecclesiae* neu zu begründen. Aber die Verklammerung von universalen, christlich-katholischen und dynastischen Ansprüchen war keine tragfähige Basis mehr. Das sakrale Moment hatte schon durch die Reformation gelitten, die Kraft Österreichs genügte gerade, um seine Stellung gegen Osten zu behaupten, und die Nachfolger Josefs gaben dessen hochfliegende Pläne sehr rasch auf.

Verglichen mit Österreich, dessen Wurzeln ganz in der mittelalterlichen Tradition lagen, war Preußen ein junger Staat, dessen Politik man zu keinem Zeitpunkt mit dem deutschen Gesamtinteresse identifizieren konnte. Der im engeren Sinn preußische Teil des Landes gehörte gar nicht zum Reichsverband, der Große Kurfürst, der eigentliche Begründer des Hohenzollernstaates, war unter jenen deutschen Fürsten gewesen, die von Frankreich Subsidien angenommen hatten und keine Hand rührten, als Ludwig XIV. durch die »Reunionen« westliches Reichsgebiet und dann auch Straßburg nahm. In seinem Politischen Testament empfahl er seinem Nachfolger ausdrücklich, zwischen »Kaiser« und »Reich« zu trennen, – seine Loyalität dürfe nur letzterem gehören. Zwar lebte sowohl in Friedrich III. (als preußischer König Friedrich I.), als auch in dem »Soldatenkönig« Friedrich Wilhelm I. ein Rest von alter Vasallentreue, die sich allerdings in dem Maße verlor, in dem die Habsburger den Aufstieg der Hohenzollern zu beschränken suchten.

Zuletzt hat Friedrich der Große die Entscheidung gegen Kaiser und Reich und für die europäische Großmachtposition Preußens mit letzter Konsequenz getroffen. Er folgte in aller Politik der »Raison« seines Hauses, und die gebot ihm den Kampf gegen Habsburg, das seinerseits den Angriff Preußens auch als Angriff auf die Integrität des Reiches wertete. Als Friedrich 1756, zu Beginn des Siebenjährigen Krieges, mit seinen Truppen in Sachsen einrückte, wurde deshalb die »Reichs-Execution« gegen den Friedensbrecher beschlossen und die Reichsarmee gegen ihn aufgeboten. In deren Reihen zeigten aber viele, vor allem viele Protestanten, Sympathie für die feindliche Sache. Von den 3200 württembergischen Soldaten blieben ganze 400 bei ihren Fahnen, teilweise gingen die Kompanien unter Führung der Hauptleute geschlossen auf die preußische Seite über. Der Sieg Friedrichs bei Roßbach wurde in weiten Teilen Deutschlands vor allem als Sieg über das mit Habsburg verbündete Frankreich und durchaus als ein nationaler Sieg verstanden. Auf Flugblättern feierte man den preußischen König als *liberator Germaniae* – als »Befreier Deutschlands«.

Goethe hat in seinen Lebenserinnerungen geschrieben, daß die Frankfurter Jugend nach dem Triumph Friedrichs des Großen nicht preußisch, aber »fritzisch gesinnt«[62] gewesen sei. Das ist ein oft zitierter Satz, seltener findet sich ein Hinweis darauf, daß Goethe in Friedrich auch jenen mythischen Heros sah, der durch seine Taten die erst entstehende deutsche »Nationaldichtung« in der notwendigen

Weise inspirierte.[63] Von Gleims *Kriegsliedern* bis zu Lessings *Minna von Barnhelm* habe diese Wirkung gereicht und dem nördlichen und protestantischen Deutschland einen kulturellen Vorsprung ermöglicht, den das südliche und katholische nicht mehr aufzuholen in der Lage gewesen sei. Es ist dieser Rekurs auf »Friedrich, den Polarstern«[64] auch deshalb wichtig, weil Friedrich die deutsche Nation eben nicht als Zielpunkt seines politischen Handelns betrachtete und im übrigen auch skeptisch (für seine Gegenwart) gewesen ist, was die Bedeutung der deutschen Kultur anbetraf.

Friedrich hielt den Führungsanspruch Habsburgs und die Würde des Kaisertums für anachronistisch. Seine Absicht war, den »Despotismus« Österreichs ein für allemal zu beseitigen. Diesem Ziel diente noch der »Fürstenbund«, den er am 8. Juli 1785 durch Zusammenschluß mit den Kurfürsten von Braunschweig-Lüneburg und Sachsen schuf. Der Bund war überkonfessionell und stand allen Reichsständen zum Beitritt offen, sofern sie sich verpflichteten, die »deutsche Freiheit« gegen Österreich zu verteidigen.

Zu den Reichsständen zählten am Ende des 18. Jahrhunderts neben Preußen und Österreich 75 weitere weltliche Fürstentümer, von denen lediglich Bayern, Sachsen, Hannover und Württemberg tatsächlich Gewicht beanspruchen durften. Die übrigen waren in der Mehrzahl so bedeutungslos wie die meisten der 63 geistlichen Territorien, die nur formal den weltlichen vorgingen. Schließlich existierten noch 1475 unabhängige reichsritterschaftliche Gebiete, 51 Reichsstädte und 45 Reichsdörfer, die politisch als vernachlässigenswerte Größen betrachtet werden konnten, aber den Reichskörper zu einem schwerfälligen »Monstrum« machten.

Sie alle beharrten auf der »teutschen Libertät«, weil sie der Garant ihrer Selbständigkeit war. Diese Selbständigkeit wiederum ließ die Territorialstaaten wie »Nationen« erscheinen. Tatsächlich wurde es seit dem Ende des 18. Jahrhunderts üblich, von einer »bayerischen«, einer »sächsischen« oder einer »preußischen« Nation zu sprechen. Man kann dieser Bezeichnung im Fall Preußens eine gewisse Berechtigung nicht absprechen. Zwar wurde das Ganze ursprünglich nur durch Zwang und Dynastie zusammengehalten, aber allmählich wuchs eine Verbundenheit zwischen Herrscherhaus, Untertanen und Territorium, die allerdings dem Begriff der »Nation« im Sinne von »Staatsnation« entsprach. Gerade das preußische Ethos und der Korpsgeist von Beamten und Offizieren trugen entscheidend dazu bei, einen preußischen »Patriotismus« auszubilden, der nicht mehr nur in der persönlichen Loyalität gegenüber dem König wurzelte, sondern auf das »Vaterland« Preußen bezogen war. In einer Rede auf den verstorbenen Friedrich den Großen sagte der Minister Hertzberg: »Der Preuße wird fortan seinen eigenen Namen führen und bei dem Klange dieses Namens aufflammen wie einst der Mazedonier oder Römer.«[65]

Das Pathos des Preußischen hatte etwas Sprödes und Antikes. Das allein genügte, den Vorbehalt der Romantiker Preußen gegenüber zu begründen. Für sie war dieser Staat eine »Maschine«, Gegenbegriff zu dem, was sie unter »Nation«, respektive »Volk«, verstanden, nicht organisch gewachsen und ohne weit zurückreichende Geschichte: gemacht und modern. Für die frühe deutsche Nationalbewegung, die so stark von der Romantik geprägt war, blieb der Zusammenhang Reich – Vaterland – Volk bestimmend. Nur gab es für diesen Zusammenhang immer weniger Anhalt an der Realität. Obwohl Maria Theresia verglichen mit Friedrich dem Großen die ungleich »deutschere« Gestalt war, wird man nicht übersehen können, daß die Habsburger spätestens seit der Herrschaft ihres Sohnes Josefs II. das »Reichsinteresse« ganz hinter ihrem »Hausinteresse« zurücktreten ließen, das je länger je mehr nach Süden und Osten gerichtet war, jedenfalls aus dem deutschen Gebiet hinauswies. Der letzte Versuch, durch den Erwerb Bayerns eine Machtbasis im Reich zurückzugewinnen, scheiterte. Seit der zweiten Hälfte des 18. Jahrhunderts waren die Habsburger nur noch die bedeutendsten unter den deutschen Territorialfürsten, der Kaisertitel ein Schatten seiner selbst. Bereits 1750 hatte Friedrich die Fürbitte für den Kaiser aus dem Gottesdienstformular streichen lassen.

Deutschland war kaum mehr als ein geographischer Begriff. Wieland notierte 1793 in Erinnerung an seine Kindheit, er könne sich »... nicht entsinnen ..., das Wort Teutsch oder Deutsch ... jemals ehrenhalber nennen gehört zu haben, wohl aber mich noch ganz lebhaft erinnere, daß in meinen Schuljahren das Prädikat teutscher Michel eines von denen war, womit belegt zu werden einem jungen Allemannier nur um einen Grad weniger schimpflich war, als den Schul-Esel zu tragen«[66]. Zehn Jahre später vermerkte Hegel: »Deutschland ist kein Staat mehr.«[67]

Die Infragestellung des Deutschen überhaupt erklärt wohl hinreichend, warum die frühe Nationalbewegung so deutlich zwischen Staat und Volk oder Nation unterschied. Erst der Zusammenprall mit der Französischen Revolution – deren Ausbruch ja auch viele Romantiker anfänglich begrüßt hatten –, die Ernüchterung, die Erfahrungen mit der Herrschaft Napoleons trugen zu einer Politisierung des Nationalbewußtseins bei, erhielt seinen Verfechtern aber doch die Vorstellung, daß das Politische nicht alles für das Nationale bedeutete. Die Leidenschaft Klopstocks für die germanische Vergangenheit, das Interesse Goethes für die Sprache, das Herders für das Volksliedgut, nicht nur das deutsche, sondern auch das baltische und slawische, die Hinwendung Arndts, später der Gebrüder Grimm zu den Märchen, der Entschluß Jahns, dem bewunderten hellenischen Vorbild durch das Turnen als besonderer Disziplin der Nationalerziehung nachzueifern, zeigen genügend dieses überschießende, eben nicht nur-politische Moment des neuen Nationalbewußtseins, das ausdrücklich die wahre »Volksseele«, den »Volksgeist« auch unter der konkreten, mißratenen Gestalt des Volkes zu entdekken wußte. Der Einfluß Rousseaus ist dabei noch in Goethes Bestimmung des Wortes »Volkheit« zu erkennen: »Wir brauchen in unserer Sprache ein Wort, das, wie Kindheit sich zu Kind verhält, so das Verhältnis Volkheit zum Volke ausdrückt. Der Erzieher muß die Kindheit hören, nicht das Kind; der Gesetzgeber und Regent die Volkheit, nicht das Volk. Jene spricht immer dasselbe aus, ist vernünftig, beständig, rein und wahr. Dieses weiß niemals für lauter Wollen, was es will.«[68]

Politischen Charakter hat die romantische Vorstellung von »Volk« nur unter der außerordentlichen Last der Besetzung gewinnen können, noch Fichtes *Reden an die deutsche Nation* blieben fast ungehört. Die quietistischen Neigungen lösten sich allmählich, bis dann alle Energie auf die Vorbereitung des »deutschen Kriegs«, des »heil'gen Kriegs«[69] konzentriert wurde. Aber wo sollte das Deutschland liegen, das nach erfolgreichem Kampf gegen das napoleonische Frankreich errichtet werden würde? Durch den Reichsdeputationshauptschluß von 1803 war das alte, das *Sacrum Imperium* aufgelöst worden, deutsche Fürsten hatten sich in einem neuen Rheinbund Napoleon als Protektor unterstellt, der letzte Kaiser legte 1806 die Krone des Heiligen Römischen Reiches nieder, Frankreich selbst konnte seine Ostgrenze schließlich bis nach Lübeck vorschieben, und die eingezogenen Belgier, Niederländer, Deutschen wurden zu *futur françaises* erklärt. In den Erhebungen von 1809 sah es zwar so aus, als ob Österreich – vorbereitet durch die tatsächlich ganz »nationale« Politik des Reichsgrafen Stadion – noch einmal an die Spitze der Nation treten würde, aber das war die Sache eines Moments und rasch vorüber. Metternich als neuer Staatskanzler richtete sich strikt gegen jede Wiederherstellung des Reiches in welcher Gestalt auch immer.

Die Nationalbewegung, die die geistige Vorbereitung der Befreiungskriege von 1813 bis 1815 ganz wesentlich trug, beschränkte sich auf eine relativ kleine gebildete Elite. Und deren Vorstellungen von einem neuen deutschen Staat waren undeutlich, um nichts anderes zu sagen. Arndts Bestimmung der Grenzen des deutschen Vaterlands, »... soweit die deutsche Zunge klingt und Gott im Himmel Lieder singt«, hatte keine Aussicht auf Verwirklichung. Das »Volk«, von dem in der Deutschen Bewegung so oft die Rede gewesen war, stand deren Bestrebungen oft verständnislos gegenüber, auch die Begeisterung, mit der viele freiwillig in den Kampf gegen Bonaparte gezogen waren, konnte nicht als Beleg dafür verstanden werden, daß hier schon eine »Nation« im politischen Sinn des Wortes entstanden war.

Als sich 1816, nach dem Sieg über Napoleon, der »Deutsche Bund« konstituierte, umfaßte er zwar die nach dem Reichsdeputationshauptschluß verbliebenen Fürstentümer und Reichsstädte und damit den größten Teil des deutschen Sprach- und Kulturgebietes, aber es handelte sich, wie der Name schon andeutete, tatsächlich nur um eine lose Föderation, deren einziges Organ die Bundesversammlung, eine Art Gesandtenkongreß, war. Österreich hatte den Vorsitz und betrieb unter der Führung Metternichs eine Politik, die streng auf die Wahrung der gegebenen Verhältnisse zielte. Ein Grund dafür war die – gar nicht unrealistische – Einschätzung der gesamteuropäischen politischen Lage. Schon in seiner Ansprache zur Eröffnung der Bundesversammlung führte der Göttinger Historiker Heeren aus, die Verfassung Deutschlands gehe nicht allein die Deutschen an, denn es könne für das europäische Mächtekonzert »... nicht gleichgültig seyn, wie der Centralstaat von Europa geformt«[70]. Das System der Pentarchie, bestehend aus Großbritannien, Frankreich, Rußland, Österreich und Preußen, hatte ein vitales Interesse daran, über die Organisation der Mitte des Kontinents mitzubestimmen. Einem geschlossenen Nationalstaat in diesem Raum wäre fast zwangsläufig die Hegemonie in Europa zugefallen. Daß es nicht zur Bildung eines gesamtdeutschen Staates kam, lag deshalb auch und gerade am Einfluß der Großmächte, die an der Zusammenfassung der Deutschen zur Nation selbstverständlich kein Interesse hatten.

Da Österreich seine eigene Existenz von der Aufrechterhaltung des Status quo abhängig glaubte, gab es eine Alternative zur bestehenden Lage nur in der Einigung Deutschlands unter preußischer Führung. So hatte Neidhardt von Gneisenau, einer der führenden Köpfe unter den preußischen Reformern, schon in einem Briefentwurf vom 15. Mai 1815 geschrieben: »Die Stimmen in ganz Deutschland mit wenigen

Ausnahmen sind für Preußen; selbst im südlichen, katholischen Deutschland. Diesen Umstand und den Ruhm, den sich Preußen in der letzten Zeit erworben hat, dürfte man sehr zu unserm Vorteil benutzen können ... Wird eine gute Konstitution für die neu wieder erbaute und vergrößerte preußische Monarchie bald entworfen und vom König dem Volk geschenkt, so ist selbige das beste Band, um die neuen Erwerbungen an die alten Staaten zu knüpfen. Die anderen deutschen Staaten werden Vergleichungen zwischen ihrem Zustand und dem unsrigen anstellen, und der Wunsch, mit uns vereinigt zu sein, wird demnach erwachen ...«[71]

Preußen erhielt zwar keine Verfassung und blieb noch auf längere Zeit davon entfernt, eine Funktion als deutscher Kernstaat zu übernehmen. Aber die Vorbildlichkeit seiner Verwaltung, seiner Schulen und Universitäten sowie sein steigendes ökonomisches Gewicht ließen seine Bedeutung im Deutschen Bund kontinuierlich anwachsen. Durch die Bildung des Zollvereins wurde schon in den 1830er Jahren eine weitgehende Einigung des deutschen Wirtschaftsraums erreicht. Das geschah zuerst ohne die Teilnahme und später gegen den hinhaltenden Widerstand Österreichs, dessen politische Führung sich einerseits sehr stark auf die eigenen Angelegenheiten konzentrierte, andererseits das Wiedererwachen des alten Dualismus nach einer längeren Phase preußischer Schwäche mit Sorge beobachtete.

Als es 1840 beinahe zu einem Krieg mit Frankreich kam, bei dem nicht Österreich (das sich auf dem Wiener Kongreß ausdrücklich geweigert hatte, seine westdeutschen und belgischen Besitzungen zurückzunehmen), sondern Preußen die »Wacht am Rhein« bezog, verknüpften sich zum ersten Mal für alle erkennbar die patriotischen Erwartungen in Deutschland mit dem Hohenzollernstaat. Aber die Nationalbewegung war ihrem Wesen nach liberal, und ihr Widerwille gegen die preußische Militärmonarchie ausgeprägt. Im ganzen »Vormärz« wurde sie bestimmt von den Forderungen nach Einheit und Freiheit, das heißt Schaffung eines National- und Verfassungsstaates, die dem preußischen Selbstverständnis ganz und gar widersprechen mußten.

Obwohl von der Obrigkeit in allen deutschen Bundesstaaten und selbstverständlich in Preußen mit Mißtrauen beobachtet, teilweise verfolgt (vor allem soweit es sich um nationalrevolutionäre und radikaldemokratische Gruppen wie etwa die Burschenschaften handelte), hatte die Nationalbewegung doch seit dem Ende der 1820er Jahre ein neues Selbstbewußtsein gewonnen, das in Kundgebungen und Demonstrationen wie dem Hambacher Fest von 1832 zum Ausdruck kam und die Vorstellung weckte, man werde die großen politischen Ziele aus eigener Kraft erreichen.

Der liberale Nationalismus dieser Zeit forderte »volksthümliche Institutionen« vor allem, weil er darin die einzige Garantie, nicht nur für die Freiheit, sondern auch für eine wirklich an deutschen Interessen orientierte Politik sah. So verlangte man 1840 stürmisch den Kampf gegen Frankreich, um die »Wiedervereinigung« des Vaterlandes mit den losgerissenen Provinzen Elsaß und Lothringen zu erlangen[72], während die konservative preußische Regierung einen Ausgleich anstrebte, der schließlich auch zustande kam. Als dann im März 1848 die lang erhoffte Revolution ausbrach und dem liberalen Bürgertum die Möglichkeit zu eröffnen schien, die Leitlinien einer neuen Politik zu bestimmen, richteten nur noch wenige ihre Hoffnung darauf, daß Preußen eine entscheidende Rolle für die Entstehung eines deutschen Nationalstaats spielen würde. Der Satz des preußischen Königs Friedrich Wilhelm IV. vom Aufgehen Preußens in Deutschland schien vielmehr die vollständige Verschmelzung des Teils mit einem neuen Ganzen zu verheißen.

Allerdings scheiterte die Revolution rasch. Nicht nur an den objektiven Schwierigkeiten, die sich auch aus der Behandlung der Nichtdeutschen im Gebiet des alten Reiches – insbesondere Tschechen und Polen – ergaben, sie scheiterte mehr noch an der Unfähigkeit der liberalen Führer und an der Angst des Bürgertums vor einer Radikalisierung der Revolution. Sie scheiterte aber vor allem an der nach einigem Zögern entschlossenen Reaktion der alten Mächte und an der feindseligen Haltung Englands und Rußlands, die ein Groß-Deutschland unter Einschluß Österreichs oder ein Klein-Deutschland unter preußischer Führung immer als Bedrohung ihrer Position ansahen und ansehen mußten.

Trotzdem war um die Jahrhundertmitte deutlich, daß es auf Dauer unmöglich sein würde, die gegebene Lage in Deutschland aufrechtzuerhalten. Der Weg, der mit dem konservativen Einigungsversuch unter preußischer Führung im sogenannten Erfurter Unionsparlament von 1850 beschritten wurde, führte noch so wenig ans Ziel wie die Alternative des österreichischen Staatskanzlers Schwarzenberg, der das ganze historische Deutschland unter Einschluß aller habsburgischen Besitzungen zu einem wenngleich nur locker verbundenen »Reich der siebzig Millionen« zusammenschließen wollte. Erst Bismarck konnte die schon damals so genannte Deutsche Frage lösen: zwanzig Jahre nach der Revolution, »von oben«, durch Preußen, unter Ausschluß Österreichs, mit militärischen Mitteln, die zuletzt im Kampf gegen den »Erbfeind« Frankreich gebraucht wurden.

Das 1871 gegründete »Deutsche Reich« faßte die Nation in einem »realpolitischen« Sinn auf, insofern sie »... nur im Staat und durch den Staat«[73] bestand. Die zitierte Formel stammte wie der Begriff »Realpolitik« selbst von einem Liberalen und Altachtundvierziger, Ludwig August von Rochau, der unter dem Eindruck der gescheiterten Revolution versuchte, einen wirklichkeitsnäheren Begriff der Politik zu gewinnen und schließlich auch auf die Seite Bismarcks trat. Es sind ihm darin viele andere Liberale gefolgt, was ihnen den Vorwurf der später Geborenen eintrug, ihren ursprünglichen Idealen untreu geworden zu sein. Bei genauerer Betrachtung zeigt sich allerdings, daß dieser Vorwurf kaum zu rechtfertigen ist. Das Deutsche Reich entwickelte sich in der zweiten Hälfte des 19. Jahrhunderts relativ rasch nach dem Muster der anderen fortgeschrittenen europäischen Staaten, das heißt der »Bund« von Fürsten und Städten, der das Reich nach der Verfassung von 1871 war, ging schrittweise über in eine konstitutionelle Monarchie mit ausgeprägten parlamentarischen Kontrollrechten, allerdings unter Wahrung einer starken Exekutivmacht. Vor allem aber entwickelte sich das »neue Reich«, wie es die Zeitgenossen nannten, zu einem Nationalstaat.

Deutsches Reich und deutsches Volk

Die Verfassung von 1871 hatte sich – wie schon die von 1848 – für eine Definition des Begriffs »Deutscher« entschieden, die »... den vollen Anschluß an die westeuropäische Terminologie«[74] vollzog. Als

Deutscher galt, wer die deutsche Staatsangehörigkeit besaß. Das Bismarckreich umfaßte in seinen Grenzen zwar auch einige Minderheiten vor allem polnischer und dänischer Herkunft, aber es umfaßte nicht das ganze deutsche Volk. Etwa ein Drittel der im mitteleuropäischen Siedlungsraum lebenden Deutschen stand außerhalb des »neuen Reiches«. Freiwillig wie die Deutsch-Schweizer, unter denen es zwar noch ein im Bürgertum lebendiges Bewußtsein der kulturellen Zugehörigkeit gab, das in den Werken Gottfried Kellers oder Conrad Ferdinand Meyers seinen Niederschlag fand[75], aber auch sehr starke politische Vorbehalte, die sich 1871 in offener Sympathie für die französische Sache äußerten. Ein ähnlicher, allerdings in seinen Ursprüngen wesentlich später einsetzender Entfremdungsvorgang war bei den Luxemburgern festzustellen.

Dagegen hatten die Deutschen im Baltikum wie in Ungarn den Sieg der preußischen und verbündeten Truppen begeistert gefeiert. Das ist um so bemerkenswerter, als diese Gebiete nicht nur nie zum alten Reich gehört hatten, sondern als Siedlungsinseln inmitten fremder Völker lagen. Ihre Reaktion war nur vergleichbar mit der in Österreich, wo die großdeutsche Tradition der Nationalbewegung niemals erloschen war. Schon während der Kämpfe hatte es illegale Grenzübertritte von Freiwilligen gegeben, die sich den deutschen Truppen im Kampf gegen den »Erbfeind« anschließen wollten, die Burschenschaften planten sogar Werbebüros einzurichten, wurden daran aber von der Regierung gehindert. Stattdessen sammelte man Geld und Liebesgaben für die Soldaten einer Macht, die immerhin nur vier Jahre zuvor gegen Österreich im Feld gestanden und dem eigenen Land eine schmerzhafte Niederlage beigebracht hatte.

Der Grund für die allgemeine Begeisterung lag in einem offensichtlich fortbestehenden Empfinden der Zusammengehörigkeit. Vor allem die österreichischen Liberalen liefen Sturm gegen jede Spekulation auf eine mögliche Revanche an der Seite Frankreichs. Das bedeute »Verrat am deutschen Volke«, hieß es aus ihren Reihen, denn Österreich habe »nicht aufgehört ein deutscher Staat zu sein«[76]. Der Tiroler Dichter Adolf Pichler, einer der Veteranen von 1848, schrieb nach dem Fall von Paris in einem Gedicht:

Ein Wermutstropfen nur
Ein bittrer, floß in unseren Freudenkelch:
Daß nicht auch auf den Kämmen der Vogesen,
Nicht vor den stolzen Wällen von Paris
Die Fahne Hofers flatterte, daß nicht
Vergönnt uns ward, die Stutzen dort zu laden
Und mit dem heißen Blei der Tricolore
Aus unseren Bergen einen Gruß zu senden …[77]

Bismarck gab dem Gesandten des Norddeutschen Bundes in Wien ausdrückliche Weisung, keinesfalls auf die begeisterten Ovationen der Bevölkerung vor dem Gebäude der Botschaft in Wien zu reagieren. Er fürchtete das Aufbrechen eines großdeutschen Enthusiasmus, der nicht nur die Habsburger in Stellung gegen den entstehenden kleindeutschen Staat hätte bringen können, sondern auch Rußland und Großbritannien veranlassen mußte, zugunsten Frankreichs zu intervenieren.

Dieser Leitlinie seiner Politik ist er weiter gefolgt und hat sich durch Sympathiebekundungen aus Österreich niemals beirren lassen. Die verstärkten sich in dem Maße, in dem die »Staatsdeutschen« ihre Position in der Donaumonarchie gefährdet sahen.

Die Ursache dafür war, daß der Ausgleich zwischen Österreich und Ungarn, der 1867 nach der Niederlage gegen Preußen erfolgt war und den Magyaren die Verantwortung für den transleithanischen Reichsteil ausfolgte, zu neuen Begehrlichkeiten der Slawen in Zisleithanien führte. Besonders im böhmischen Kronland drängten die Tschechen auf eine ähnliche Stellung, wie sie die Ungarn erreicht hatten, die ihnen aber nur dann zugebilligt werden konnte, wenn man die Position der Deutschen als Reichsvolk opferte.

Der tschechische und der deutsche Nationalismus in Böhmen radikalisierten sich wechselseitig und nährten ihrerseits eine als »alldeutsch« oder »deutschnational« bezeichnete Bewegung, die den ganzen österreichischen Teil der Monarchie ergriff. Deren Ziele waren zum Teil nur eine verstärkte Kultur- und Schularbeit zugunsten der Deutschen, zum Teil aber auch eine völlige Zerschlagung des Vielvölkerstaates und Anschluß der Deutschen an das Reich. Zwar fand ein entsprechendes Programm vor dem Ersten Weltkrieg nur die Zustimmung einer Minderheit, aber der schwindende Anteil der Deutschen an der Gesamtbevölkerung der Habsburger Monarchie fiel durch die Demokratisierung des Wahlrechts immer stärker ins Gewicht, so daß der Zeitpunkt absehbar war, an dem sie nicht mehr Herr im eigenen Haus sein würden.

Der wichtigste Führer der Alldeutschen, Georg Ritter von Schönerer, war ein glühender Verehrer Bismarcks. Der Kanzler hatte aber wenig Sympathie für dessen revolutionäre Vorstellungen. Er hielt – wie seine Bündnispolitik seit 1873 bewies – Österreich für einen unbedingt notwendigen Faktor in seinem außenpolitischen System, wobei nach einer glücklichen Formulierung Hans Rothfels' gerade »… das

Getrenntstehen eine Voraussetzung des Verbundenseins« bildete[78]. Eine Ursache für die Stabilität dieses Verbundenseins war auch die trotz des zuletzt gewaltsam ausgetragenen Dualismus emotionale Beziehung der Österreicher zu Deutschland; berühmt geworden ist die Antwort Franz Josephs I. an den britischen König Eduard VII., der ihn von dem Bündnis mit dem Reich abzubringen versuchte, und dem der Kaiser antwortete: »Sire, ich bin ein deutscher Fürst.«[79]

Bismarck stand nationalen Belangen keineswegs fremd gegenüber, aber er ordnete sie immer staatlichen Belangen unter. Schon seine Zeitgenossen haben irritiert beobachtet, wie ungerührt er die Hilferufe der Baltendeutschen zurückwies, die dem immer steigenden Druck der Russifizierung ausgesetzt waren, um die Beziehung zum Zaren von Störungen freizuhalten. Mit dem friderizianischen »Kerls, wollt Ihr denn ewig leben«[80] soll er einmal seinen Jugendfreund, den Grafen Alexander Keyserling, empfangen haben; allerdings entsprach die in dieser Äußerung zu Tage tretende Brutalität nicht wirklich der Haltung Bismarcks, der nur keine Möglichkeit zu offener Parteinahme für die Baltendeutschen sah.[81]

Gegen Bismarcks eigentlich aus vornationaler Zeit stammenden Etatismus gab es durchaus Opposition, vor allem in der Intelligenz, die die Normalität des Bismarckreiches als ein »Zuwenig« empfand. Nietzsche etwa sprach von der »... Exstirpation des deutschen Geistes zugunsten des deutschen Reiches«[82] und beklagte den Materialismus der Gründerjahre. Darin folgten ihm auch viele, die seine grundsätzliche Abwendung von der Nation nicht nachzuvollziehen bereit waren. Unter ihnen ragten besonders der österreichische Publizist Constantin Frantz und der deutsche Orientalist und Religionswissenschaftler Paul de Lagarde hervor. Während Frantz kritisierte, daß durch die Gründung des Bismarckreichs die Deutschen im übrigen Mitteleuropa ausgeschlossen worden seien und Preußen Verrat an der übernationalen Reichsidee geübt habe, ging es Lagarde um die Idee einer inneren Erneuerung des deutschen Volkes und die Schaffung eines deutschen Imperiums, das den ganzen mitteleuropäischen Raum umfassen sollte. Mit seinen weitgreifenden politischen und auch religiösen Vorstellungen erntete er zu Lebzeiten fast nur Ablehnung, aber nach Lagardes Tod im Jahr 1891 verbreiteten sich seine *Deutschen Schriften* sehr rasch in der akademischen Jugend.

In dieser letzten Phase des alten Jahrhunderts entstand in Deutschland eine als »völkisch« apostrophierte Bewegung, die zwar auch Verbindung in den unmittelbar politischen Raum hatte, aber ein weit darüber hinausgehendes Programm verfolgte, das ganz im Sinn Lagardes eine neue Nationalerziehung begründen wollte. Dabei flossen Ideen der Romantik und des Idealismus ein, die ihre praktische Umsetzung in zum Teil verstiegenen, zum Teil ganz praktischen Plänen der Lebensreform- und der Jugendbewegung fanden. Der Impuls blieb bezeichnenderweise auf den deutschen Kultur- und Sprachraum beschränkt, überschritt aber von Anfang an die Grenzen des Reiches und erfaßte neben Österreich auch Flandern, die deutsche Schweiz und das Baltikum.

Die Völkische Bewegung war in manchem eine deutsche Variante des Integralen Nationalismus, sie ähnelte ihm auch in der Bedeutung, die man der »Rassen-« und insbesondere der »Judenfrage« beimaß. Unter den drei Faktoren, die Hegel für geschichtsbildend gehalten hatte – die Antike, das Christentum und das Germanentum – blieb hier nur noch das Germanentum übrig. Die Bedeutung der Antike war am Ende des 19. Jahrhunderts wegen der alles relativierenden Menge historischer Kenntnisse geschwunden, aber auch wegen des gewachsenen Selbstbewußtseins der modernen Europäer gegenüber einem bis dahin als »klassisch« angesehenen Zeitalter. Das Christentum büßte seine normative Kraft durch die fortschreitende Säkularisierung ein. Allerdings blieb die Völkische Bewegung wie die Nationalbewegung des Jahrhundertanfangs ein Elitephänomen, der Einfluß auf die Massen war begrenzt.

Anders als Frankreich schien Deutschland in der Vorkriegszeit ein stabiler Staat zu sein, der nur vorübergehend – etwa in den 1880er Jahren mit dem Aufstieg der Antisemitenparteien – radikaleren Strömungen eine Plattform bot. Der Einfluß der völkischen Ideologie auf die Intelligenz war allerdings bedeutend. Das hing nicht zuletzt damit zusammen, daß der Komponist Richard Wagner seine Bühnenwerke ausdrücklich mit dem Gedanken einer völkischen »Regeneration« verknüpfte und Männer wie sein Schwiegersohn, der Wahldeutsche Houston Stewart Chamberlain, durch Bücher, etwa *Die Grundlagen des XIX. Jahrhunderts,* nationale Leitideen schufen, die weit über den »Bayreuther Kreis« und völkische Zirkel in das gebildete Bürgertum hineinwirkten. Es kann dieser Einfluß aber nicht, wie gelegentlich behauptet wurde, verantwortlich gemacht werden für die Katastrophe von 1914. Sie war keine Folge des deutschen Sonderbewußtseins, sondern eine Folge der neuen deutschen Normalität, die den Konkurrenten des Reiches weit weniger erträglich war als die frühere Anomalie.

Bismarck hatte den kleindeutschen Nationalstaat nur in einem »Wellental«[83] der europäischen Politik schaffen können. Die drei duellartigen Kriege, die er zwischen 1864 und 1871 führte, waren so erfolgreich, weil er England und Rußland vorübergehend neutralisierte, Österreich und Frankreich nacheinander militärisch niederwarf. Bismarck hat nie vergessen, daß das neue Kaiserreich eine Zumutung für die übrigen Mächte bildete. Sein »halb-hegemonialer«[84] Status schien das Äußerste, was Europa ertragen konnte, sollte ein großer Krieg verhindert werden. Bismarcks Betonung der »Saturiertheit« Deutschlands, das Bemühen um einen Ausgleich mit Rußland, der Auftritt als »ehrlicher Makler« bei Interessenkonflikten zwischen den übrigen Großmächten, all das wies in diese Richtung. Daß der Versuch, das Staatensystem noch einmal wie in der alten Pentarchie zu stabilisieren, schon in der letzten Phase seiner Kanzlerschaft scheiterte, lag zum wenigsten an Bismarck, vielmehr an der wirtschaftlichen Dynamik des von ihm geschaffenen Nationalstaates, der sich wie andere Nationalstaaten verhielt, und an dem Mißtrauen und der Irritation, die der Neuling unter den übrigen Großstaaten auslöste.

Deshalb waren auch alle Alternativen zu Bismarcks Außenpolitik, die seine Nachfolger erprobten – die Bildung eines mitteleuropäischen Blocks, eine neue deutsch-russische Verständigung, die Schaffung eines kolonialen Weltreiches und der Ausgleich mit Großbritannien oder Präventivschläge gegen die potentiellen Gegner – allesamt zum Scheitern verurteilt. Es entwickelte sich eine Zwangslage, aus der es kein Entrinnen gab. Die Annahme, die Deutschen hätten, um von inneren Problemen abzulenken oder um einen langfristigen Weltherrschaftsplan zu verwirklichen, den Ersten Weltkrieg begonnen, ist unsinnig. Die lange, vor allem von Frankreich forcierte, »Einkreisung« kam im

Sommer 1914 endlich zu ihrem fatalen Erfolg mit der vollständigen Isolation des Reiches.

Der amerikanische Historiker David P. Calleo hielt im Blick auf die Ursachen des Ersten Weltkriegs nüchtern fest: »Geographie und Geschichte hatten sich verschworen, Deutschland zu einem späten, raschen, anfechtbaren und umkämpften Aufstieg zu verhelfen. Die übrige Welt reagierte darauf, indem sie den Emporkömmling zermalmte.«[85]

Weltkrieg

Der Erste Weltkrieg war die Bewährungsprobe für den deutschen Nationalstaat, mehr noch als für die übrigen europäischen Nationalstaaten. Die vor allem in Frankreich gehegte Hoffnung, daß der alte Separatismus im Süden und im Rheinland wiedererwachen werde, wenn sich die militärische Lage ungünstig entwickle, erwies sich rasch als unbegründet. Der August 1914 wurde von vielen Deutschen förmlich als neue Geburt der Nation erlebt, der Enthusiasmus der Massen galt als Bestätigung für jenen »Volksgeist«, der zuerst in den »Ideen von 1813« und nun in den »Ideen von 1914« seinen Ausdruck fand. Gerade unter den Gebildeten spielte die Vorstellung eine große Rolle, nicht nur einen notwendigen und als Verteidigung gerechten Kampf zu führen, sondern als Land der Mitte an einem weltanschaulichen Ringen teilzunehmen gegen einen despotischen Osten und einen individualistischen und dekadenten Westen.

Sogar in der Arbeiterschaft wuchs das Gefühl, zur »Volksgemeinschaft« zu gehören, mit gemeint zu sein, wenn der Kaiser davon gesprochen hatte, daß er keine Parteien, sondern nur noch Deutsche kenne. Der junge, aus der Sozialdemokratie kommende Dichter Karl Bröger schrieb 1914 ein Gedicht, das diese Stimmung zum Ausdruck brachte:

Immer schon haben wir eine Liebe zu dir gekannt,
bloß wir haben sie nie mit einem Namen genannt.
Als man uns rief, da zogen wir schweigend fort,
auf den Lippen nicht, aber im Herzen das Wort
DEUTSCHLAND.
Unsere Liebe war schweigsam; sie brütete tiefversteckt.
Nun ihre Zeit gekommen, hat sie sich hochgereckt.
Schon seit Monden schirmt sie in Ost und West dein Haus,
und sie schreitet gelassen durch Sturm und Wettergraus.
DEUTSCHLAND.
Daß kein fremder Fuß betrete den heimischen Grund,
stirbt ein Bruder in Polen, liegt einer in Flandern wund.
Alle hüten wir deiner Grenzen heiligen Saum.
Unser blühendstes Leben für deinen dürrsten Baum,
DEUTSCHLAND.
Immer schon haben wir eine Liebe zu dir gekannt,
bloß wir haben sie nie bei ihrem Namen genannt.
Herrlich zeigte es aber deine größte Gefahr,
daß dein ärmster Sohn auch dein getreuester war.
DENK ES, O DEUTSCHLAND.[86]

Als der Krieg dann mit der deutschen Niederlage und dem Zusammenbruch der Monarchie endete, hatte das nicht nur schwerwiegende materielle, sondern auch schwerwiegende psychologische Folgen. Im Prinzip gab es drei Reaktionsmöglichkeiten: Die Hoffnung, daß eine neue Welt heraufdämmerte, in der die Gesetze der bisherigen Geschichte nicht mehr gelten würden, die Resignation oder die Annahme, daß Deutschland sich wie so oft in seiner Geschichte nach der Katastrophe neu und um so mächtiger erheben werde. Der Soziologe Max Weber schrieb am 24. November 1918 an einen Freund: »Wir fangen noch einmal wie nach 1648 und 1807 von vorn an.«[87]

Die Friedensschlüsse von Tilsit, nach der preußischen Katastrophe von Jena und Auerstedt, und Münster, nach dem Dreißigjährigen Krieg, gehörten zu den Schlüsselerfahrungen der deutschen Nation. Jahn hatte 1810 geäußert, daß der ganze Niedergang des Reiches auf den Westfälischen Frieden zurückzuführen sei[88], dessen Revision unbedingt den Kampf gegen Frankreich voraussetze, und als 1870 der Historiker Leopold von Ranke feststellte, daß man Krieg gegen Ludwig XIV. führe[89], stand das in demselben Kontext. Die Idee der großen historischen Analogie war durch ein Jahrhundert patriotischer Erziehung allgemein verbreitet. Stärker noch als für die Erinnerung an den Dreißigjährigen Krieg galt das für die napoleonische Ära. Die preußischen Reformen, der Kampf der Tiroler und allgemeiner die Erhebungen von 1809 und schließlich die Befreiungskriege dienten den Deutschen des 19. und des frühen 20. Jahrhunderts immer wieder als Folie einer idealen nationalen Existenz. Schon unmittelbar nach Bekanntwerden der Friedensvertragsbedingungen gab es bis in die Reihen der Linken hinein Stimmen, die die Ausrufung des »Volkskriegs« nach dem Vorbild von 1813 verlangten. Nach erkannter Unmöglichkeit setzten sich diejenigen durch, die glaubten, es müsse erst wie nach der Niederlage von 1806 eine längere Phase des Wiederaufbaus folgen, bevor man auf friedlichem oder kriegerischem Wege einen neuen Aufstieg wage.

Die Ursache dafür, daß es nach 1918 zu keiner wirklichen Befriedung Europas kam, ist in erster Linie auf den Versailler Vertrag zurückzuführen. Dieses Diktat war aus vielen Gründen nicht geeignet, das Staatensystem neu zu stabilisieren. Was hier über den Besiegten verfügt wurde, hatte wenig mit einem Friedensschluß, viel mit der Aufrechterhaltung des latenten Kriegszustandes zu tun. Zwar verhinderten die angelsächsischen Mächte, daß die Wünsche der französischen Politiker und Militärs, Deutschland in Kleinstaaten aufzuspalten und das ganze linke Rheinufer Frankreich zuzuschlagen, erfüllt wurde. Aber die Sieger trennten Elsaß und Lothringen wieder vom Reichsgebiet ab[90] und gaben Eupen-Malmedy an Belgien sowie Nordschleswig an Dänemark. Deutschland erlitt weitere empfindliche Gebietsverluste im Osten, wo Teile Oberschlesiens, Westpreußens, die Provinz Posen und das Memelland an Polen beziehungsweise Litauen verlorengingen. So wenig wie die Zerstörung der Donaumonarchie trug dieses Vorgehen zur Entstehung einer lebensfähigen Ordnung im zwischeneuropäischen Raum bei. Das von Wilson propagierte Prinzip der nationalen Selbstbestimmung schuf nur eine *Europa irredenta* und geriet spätestens zur Farce, als der Vertrag von Trianon der Republik Deutsch-Österreich (trotz eines entsprechenden Votums ihrer Nationalversammlung) die Vereinigung mit dem Reich verbot.

Zugleich mit der Schwächung wollten die Sieger Deutschland als potentielle Großmacht erhalten wissen, schon um ein weiteres Vordringen der bolschewistischen Revolution zu verhindern. Aber man suchte es zu isolieren, durch Entwaffnung und eine gigantische Reparationssumme niederzuhalten. Nicht wenige Politiker, etwa der britische Premier Lloyd

George, der amerikanische Außenminister Robert Lansing und der Nationalökonom John Maynard Keynes, sahen wie die Führer der Revolution in Rußland voraus, daß der Versailler Vertrag fast zwangsläufig zu einem Revanchekrieg führen würde; vom Oberkommandierenden der französischen Truppen, Marschall Foch, wird überliefert, daß er 1919 den »Polnischen Korridor« als Anlaß für diesen Konflikt binnen zwanzig Jahren bezeichnet hat.

Die Vorbedingung des Versailler Vertrags, daß Deutschland die alleinige Kriegsschuld anerkennen müsse, seine erzwungene Abrüstung und sein (zeitweiliger) Ausschluß aus dem Völkerbund wirkten außerordentlich demütigend, und die Deutschen erlebten die nationale Demütigung in einem heute kaum noch vorstellbaren Maß als eine persönliche. Das Bündnis der neuen Führung, die sich nach dem Sturz der Monarchie etabliert hatte, mit einem Teil der alten Eliten, vor allem der Generalität, resultierte deshalb nicht allein aus der Revolutionsdrohung im Innern, sondern auch aus der Einsicht in die Notwendigkeit, den Bestand des Reiches zu wahren. Daß der Versailler Vertrag bekämpft werden müsse, war eine der wenigen konsensfähigen politischen Positionen in der Weimarer Republik. Von der KPD über die Parteien der Mitte bis hin zu den Völkischen und den Nationalrevolutionären zeigte man sich entschlossen, an einer Revision zu arbeiten. Uneins blieb man in der Frage, welche Taktik dabei eingeschlagen werden könne, ob man sich offen wehren oder die Unerfüllbarkeit seiner Bedingungen durch demonstrative Erfüllungsbereitschaft nachweisen solle.

Fest steht jedenfalls, daß der Friedensvertrag eine Belastung der Weimarer Republik darstellte, die selbst ein intakteres politisches System kaum überstanden hätte. Man mußte kein Gegner der parlamentarischen Demokratie sein, um diesen Zusammenhang zwischen der staatlichen Misere und dem Versailler Frieden zu erkennen. In seiner Deutschen Ansprache vom Oktober 1930, als die Republik durch die Folgen der Weltwirtschaftskrise und die steigende Arbeitslosenzahl noch zusätzlichen Belastungen ausgesetzt war, sagte Thomas Mann: »Diese demokratische Moralität, die während des Krieges den Mund so voll genommen hatte und den Krieg als Mittel zu betrachten schien, eine neue bessere Welt zu schaffen, hat bei Friedensschluß nur sehr bruchstückweise Wort gehalten und sich durch die Wirklichkeit, die psychischen Nachwirkungen der Kriegswut und durch den Machtrausch des Sieges in einem Grade verderben lassen, daß es dem deutschen Volke aufs äußerste erschwert war, an den moralischen und historischen Sinn seines Unterliegens und an die höhere Berufung der anderen zum Siege zu glauben. Der Versailler Vertrag war ein Instrument, dessen Absichten dahin gingen, die Lebenskraft eines europäischen Hauptvolkes auf die Dauer der Geschichte niederzuhalten … Das sind die außenpolitischen Reizungen und Leiden, von denen der deutsche Gemütszustand bestimmt ist.«[91] Dieser »Gemütszustand« war auch mitverantwortlich für den Erfolg der NSDAP bei den Reichstagwahlen vom 12. September 1930.

Im Sommer 1925, eineinhalb Jahre nach dem gescheiterten nationalsozialistischen Putsch vom 8./9. November 1923, sprach der Münchner Historiker Hermann Oncken in einem Kolleg zur neueren französischen Geschichte über die Ähnlichkeit zwischen der Person Hitlers und der Boulangers. Solche Vergleiche der nationalsozialistischen Bewegung mit dem Boulangismus wurden in der Zeit der Weimarer Republik wiederholt angestellt, und tatsächlich eignete sich der französische Nationalismus nach 1871 gut als Modell für den deutschen Nationalismus nach 1919. Die Symmetrie der Lagen war unverkennbar: Hier wie dort scheiterte eine europäische Großmacht bei dem Versuch, die Hegemonialstellung auf dem Kontinent zu gewinnen, hier wie dort endete der Anlauf mit einem militärischen und politischen Desaster, ohne das Potential der Nation zu zerstören.[92] Vergleichbar waren auch der Verlust wichtiger Territorien, der Zusammenbruch eines *Ancien Régime* und der Umsturz, der nur von einer Minderheit des Volkes getragen wurde, hier wie dort war der Wunsch nach Revision, wenn nicht nach Revanche allgemein, Ursprung nationalistischer Bewegungen, die ihre Anhänger auf der Linken und auf der Rechten suchten und ihren Gegner in einem parlamentarischen System fanden. Sie konnten ihm vorwerfen, der Freiheit des Vaterlandes so wenig Bedeutung beizumessen wie der Not des Volkes. Die Pointe in Onckens Vortrag bestand allerdings darin, daß er Hitler auch ein ähnliches politisches Schicksal wie dem General voraussagte. In beiden Fällen habe die Masse einen bis dahin Unbekannten plötzlich emporgetragen, weil er ihre Leidenschaften zu bündeln und die Krise des politischen Systems auszunutzen verstand, aber im einen wie im anderen Fall seien die Versuche zur gewaltsamen Machtergreifung am Dilettantismus der Führer gescheitert. An diesem Punkt irrte der Historiker. Hitler suchte sich nach dem Fehlschlag der gewaltsamen Erhebung einen anderen als den »boulangistischen« Weg zur Macht: den Aufbau einer modernen Massenpartei.

Die NSDAP war ihrem Ursprung nach eine radikale Oppositionsbewegung gegen »Versailles« und dann erst gegen »Weimar«. Ihre Parolen zeigten Wirkung, weil Hitler mit der Befreiung von diesem »Joch« auch die Befreiung von allen anderen Übeln versprechen konnte. Es waren nicht die originären Teile seines Programms – der »Lebensraum«- Imperialismus oder der rabiate Antisemitismus – die ihm Wähler zutrieben, sondern die Vision eines neuen Deutschlands, das sich von der Bevormundung durch die Siegermächte befreien und eine »Volksgemeinschaft« jenseits des Parteienhaders errichten würde. Der Nationalsozialismus erschien Sympathisanten wie Gegnern als Aktualisierung der älteren Formen des deutschen Nationalismus, der romantischen Strömungen, des Idealismus, der Völkischen Bewegung ebenso wie des alldeutschen Imperialismus. Daß Hitler eigentlich nur besonders scharf formulierte, was nach Meinung vieler Deutscher das entscheidende Anliegen der Nation sein sollte, kann man einer kleinen Szene entnehmen, die Golo Mann in seinen Erinnerungen beschrieb. Ende der zwanziger Jahre hatte er zusammen mit einem jüdischen Kommilitonen eine Veranstaltung der NSDAP besucht, und während der Ansprache Hitlers sagte sein Freund leise zu ihm: »Er hat ja recht.«[93]

Die NSDAP bildete anfangs ein Sammelbecken für die politischen *Condottieri* der Nachkriegszeit und für das enteignete Bürgertum; sie gab in Teilen nostalgischen Sehnsüchten Ausdruck, aber sie entwickelte immer stärker den Charakter einer religiösen Erweckungs- wie einer nationalen Jugendbewegung. Vor allem aber war sie eine »Volkspartei des Protestes«[94]: des Protestes gegen Armut und Hunger, gegen die Unfähigkeit der parlamentarischen Parteien und des Protestes gegen die Ohnmacht der Nation. Quer zur traditionellen Schichtung der Gesellschaft fand sie ihre Wähler. Die NSDAP war überhaupt die erste deutsche Partei, die eine klassenübergreifende Integration vollzog und nicht zuletzt deshalb zur stärksten Partei im Reichstag aufstieg.

Die Wahlerfolge allein hätten nicht genügt, Hitler an die Regierung zu bringen, aber die massenhafte Unterstützung war eine wesentliche Voraussetzung für seinen Erfolg und dann auch für seine Machtübernahme. Es gab viele Faktoren, die nach 1933 zur Stabilisierung des NS-Regimes beitrugen: Rücksichtslosigkeit bei der Bekämpfung seiner Feinde, die Erfolge bei der Arbeitsbeschaffung, die Verbesserung der sozialen Lage insgesamt, aber das allein könnte seine Popularität nicht hinreichend erklären. Hier spielte eine entscheidende Rolle, daß Hitler den Deutschen ihr Selbstbewußtsein als Nation zurückgab. Über den Enthusiasmus der Anfangszeit hinaus konnte sich das System die Loyalität der Bevölkerung vor allem sichern durch die von Hitler betriebene Außenpolitik. Solange die, wie in der Zeit bis 1938, an der Revision des Versailler Vertrages orientiert schien, war ihm nicht allein die Unterstützung von Teilen des Auslands, vor allem Großbritanniens, sicher, er konnte auch davon ausgehen, daß die deutsche Bevölkerung jeden seiner Schritte begrüßte: die Rückkehr der Saar, die Wiederbesetzung des Rheinlandes, dann der »Anschluß« Österreichs und zuletzt die Eingliederung der Sudetendeutschen fanden fast ungeteilten Beifall. Alle diese Schritte entsprachen weithin den Vorstellungen der Weimarer Parteien, und die Vereinigung Österreichs mit Deutschland wurde dort nicht nur von den einheimischen Nationalsozialisten, sondern auch von den Katholisch-Nationalen und sogar von einem Teil der (traditionell großdeutsch gesinnten) österreichischen Sozialisten begrüßt. Hätte Hitler sich damit begnügt, wäre er als der Vollender der Nationalbewegung in die Geschichte eingegangen, als der Politiker, dem mit der staatlichen Einigung des deutschen Volks- und Kulturraums gelungen war, was Bismarck versagt blieb. Das Gedankenspiel Joachim C. Fests, daß Hitler, wäre er am Vorabend des Zweiten Weltkrieges ermordet worden, als der größte deutsche Politiker des 20. Jahrhunderts gelten würde, hat einiges für sich.[95]

Die wenigen, die damals ernsthaft die Beseitigung Hitlers planten, vor allem Teile der Generalität, scheuten vor einem Putsch nicht allein zurück, weil ihr Eid sie band, sondern auch, weil sie ahnten, daß sie kaum auf das Verständnis von Zeitgenossen oder der Nachwelt gestoßen wären. Denn es ging ja nicht *in abstracto* um einen Tyrannenmord, sondern um die Tötung eines politischen Führers, dem man zwar die Liquidierung seiner Gegner, aber 1938 weder Krieg noch Massenmord vorwerfen konnte. Auch dieser Teil des deutschen Widerstandes orientierte sich in seinem Handeln ausdrücklich am Wohl der »Volksgemeinschaft«, und niemand dachte daran, die außenpolitischen Erfolge Hitlers rückgängig zu machen.

Für den einflußreichen Kreis um Goerdeler war bis in die Zeit nach der Niederlage von Stalingrad die Integrität eines »großdeutschen Reiches« selbstverständliche Voraussetzung aller Verhandlungen mit den Alliierten. Und als schließlich eine andere Generation von Verschwörern, die jungen Stabsoffiziere um Stauffenberg, in der Endphase des Krieges an die Planung des Umsturzes ging, geschah das mit der Absicht, eine Besetzung Deutschlands wenn möglich zu verhindern. Auch dabei gab man sich keinen Illusionen hin, was die Unterstützung durch die breite Masse der Bevölkerung betraf.

Hitlers Revisionspolitik war allerdings untrennbar mit seinen Kriegsvorbereitungen verbunden. Das heißt nicht, daß er am Ende der dreißiger Jahre gezielt auf den Ausbruch eines Weltkrieges hingearbeitet hat, wahrscheinlich wollte er zu diesem Zeitpunkt nicht einmal einen großen europäischen Konflikt. Aber sein Verständnis der Deutschen Frage, die er nur durch die Schaffung eines »germanischen Großraums« glaubte auf Dauer lösen zu können, ließ ihn eine solche Entwicklung billigend in Kauf nehmen. Der alte Kontinent hatte in den dreißiger Jahren den Wiederaufstieg Deutschlands erlebt. Das Fatale der Entwicklung lag in Hitlers politischem (in seiner Wirkung unpolitischen) Maximalismus, der nicht nur für die Nation, sondern für den Kontinent verheerende Folgen haben sollte: »Die Deutschen besaßen das Potential, um das alte Europa zu verjüngen, um das europäische Zeitalter – und damit die Vorherrschaft Europas – für Jahrhunderte zu konsolidieren. Im letzten europäischen Krieg zerstörten sie diese Ansicht endgültig und vielleicht unwiderruflich, weil sie von dem Gedanken an ihre eigene Vorherrschaft in Europa besessen waren.«[96]

Hitlers Politik brach mit den Traditionen des europäischen Mächtesystems. Er wollte Deutschland in einen »Ideologiestaat« verwandeln, dessen eine Front gegen den Kapitalismus, die »jüdische Plutokratie«, dessen andere Front gegen den Kommunismus, den »jüdischen Bolschewismus«, gerichtet war, letzteren allerdings als Hauptfeind begriff. Diese ideologische Motivation war die Ursache für den Vernichtungskampf im Osten und für die pathologische Vorstellung, man könne den äußeren Gegner durch die Vernichtung seiner »fünften Kolonne«, der Juden im deutschen Einflußgebiet, treffen.

Nachdem Großbritannien als letzter Gegner Deutschlands aus dem traditionellen Konzert der Mächte nicht besiegt werden konnte und sich mit den USA sowie der Sowjetunion verband, um das nationalsozialistische Deutschland niederzuwerfen, war die Niederlage nur noch eine Frage der Zeit. Der letzte Akt der deutschen Tragödie war gekennzeichnet von der vollständigen Überlagerung des nationalen Existenzkampfes und einem nach ganz anderen Prinzipien geführten Weltanschauungskampf. Das verzweifelte Bemühen der Wehrmachtsführung, die Ostfront zu halten, um der Zivilbevölkerung die Flucht vor der anrückenden Roten Armee zu ermöglichen, und die »Nero-Befehle« Hitlers, der jetzt das Volk für sein »Versagen« bestrafen wollte, zeigen den einen wie den anderen Aspekt in ihrer letzten Konsequenz für die Nation.

Die Spaltung

Mit der »Berliner Erklärung« vom 5. Juni 1945 übernahmen die Alliierten die vollziehende Gewalt in Deutschland. Zwar löschten sie Deutschland als völkerrechtliches Subjekt nicht aus, aber ihre Vorstellungen von der Zukunft des deutschen Staates und des deutschen Volkes blieben unklar. Die Zerstückelungskonzepte, die die »Großen Drei« – Roosevelt, Stalin und Churchill – auf den Kriegskonferenzen diskutiert hatten, lagen *ad acta*. Auch die unverhohlenen Vernichtungsabsichten des »Morgenthau-Plans« waren zuletzt nicht durchsetzbar. Während der entscheidenden Konferenz von Potsdam im Juli und August 1945 legte man nur noch den Umfang der Besatzungszonen fest und einigte sich, Deutschland wirtschaftlich als Ganzes zu behandeln. Die Gebiete östlich Oder und Neiße, aus denen der größte Teil der deutschen Bevölkerung geflohen oder gewaltsam vertrieben worden war, wurden bis zur endgültigen Regelung bei Abschluß eines Friedensvertrags polnischer und sowjetischer Verwaltung übergeben.

Unter dem Eindruck der immer deutlicher erkennbaren Absicht Stalins, seinen Machtbereich unbeschadet anderslautender Versicherungen weiter auszudehnen, begann man aber in Großbritannien seit dem Frühsommer 1945 wieder über eine zukünftige Teilung Deutschlands nachzudenken; diesmal nicht, um Deutschland zu schwächen, sondern um die Ausbreitung des kommunistischen Systems aufzuhalten. Im Juni des Jahres erklärte Montgomery vor dem Kriegskabinett, die Folgen einer Politik, die die britische, im Effekt aber alle westlichen Zonen, vor der Sowjetunion sichern würde, müsse eine dauernde Teilung Deutschlands sein: »This clearly would result in Germany being permanently divided into an Eastern and Western half.«[97]

So deutlich hat die Zwangsläufigkeit der Entwicklung unter den Deutschen damals wohl nur Konrad Adenauer gesehen. Ihm war schon in der Zeit kurz nach der Kapitulation klargeworden, daß die Spaltung Europas entlang der neuen Frontlinie des »Weltbürgerkriegs« mit Sicherheit die Spaltung Rest-

Deutschlands in zwei Teile zur Folge haben würde. Diese Grundeinsicht hat Adenauers Strategie von da an bestimmt, sie bildete auch ab 1949 den archimedischen Punkt der Deutschlandpolitik des Bundeskanzlers. An zwei Hauptzielen – dem Gewinn von Souveränität und der Westbindung – orientiert, legte er eine Konzeption fest, die auch seine innerparteilichen und dann seine parteipolitischen Gegner zur Anpassung zwang. Jeder Versuch, ein an der Mittellage Deutschlands orientiertes, am Primat des Nationalen festhaltendes oder auf Neutralisierung hin ausgerichtetes Programm durchzusetzen, scheiterte am zähen Widerstand Adenauers.

Der von Kurt Schumacher, dem Vorsitzenden der SPD, gegen ihn gewendete Vorwurf, der »Kanzler der Alliierten« zu sein, trifft die Sache allerdings nicht. Adenauer gab sich keinen Illusionen hin, was die eigene Interessiertheit der Amerikaner, Engländer und Franzosen betraf, er war nicht ihr Instrument. Sein Antrieb ging aber auch nicht allein auf Machtbesessenheit oder die weltanschaulich motivierte Überzeugung zurück, daß das Zeitalter der Nationalstaaten vorbei sei, sondern gründete in einem tiefen Mißtrauen gegenüber den Sowjets einerseits, gegenüber den Deutschen andererseits. Seine dezidierte Ablehnung der »Stalin-Note« vom März 1952 folgte wahrscheinlich weniger aus der Sorge, daß das Angebot der UdSSR zur Wiedervereinigung (möglicherweise unter Einschluß der Gebiete jenseits von Oder und Neiße) eine Finte sei, sondern aus der Auffassung, daß die Deutschen der Unabhängigkeit zwischen Ost und West nicht gewachsen wären. Diese Analyse wurde der psychologischen Verfassung der Westdeutschen in hohem Maße gerecht, was auch den dauerhaften politischen Erfolg Adenauers zu erklären hilft.

Die Spaltung Rest-Deutschlands ergab sich also nicht wie von selbst aus der Niederlage, sie war nicht der Preis für die »Befreiung vom Faschismus«, und sie folgte auch nicht aus dem Bestrafungswillen der Sieger. Sie bildete vielmehr die logische Konsequenz des 1945/1946 zum Ausbruch gekommenen Ost-West-Konflikts. Die Demarkationslinie zwischen den Lagern zog sich mitten durch Deutschland; hier stand man sich bewaffnet und kampfbereit gegenüber, und das ganze Gebiet war ein potentielles Schlachtfeld.

Daß die Deutschen diese Lage – anders als nach 1919 – auf Dauer akzeptierten, hing vor allem mit den massiven Selbstzweifeln zusammen, die man als schwerste geistige Folge der Niederlage von 1945 zu betrachten hat. Obwohl die Alliierten bis in die fünfziger Jahre die Entstehung eines Wiedervereinigungsnationalismus fürchteten, fanden entsprechende Strömungen, die es durchaus gab, niemals größere Resonanz. Der Historiker Otto Westphal – ein »Ex-Faschist« – stellte damals fest, daß die Deutschen in ihrem nationalen Selbstbehauptungswillen gebrochen seien, sich als das »... von der Geschichte widerlegte Volk«[98] empfänden. Selbstverständlich spielte die Konfrontation mit deutschen Verbrechen dafür ebenso eine Rolle wie das *factum brutum* der Teilung, und selbstverständlich war West-Deutschland einem Modernisierungsprozeß unterworfen, der aber weder in der westlichen Welt noch in den ostmittel- oder osteuropäischen Ländern zu einer vergleichbaren Desorientierung im Blick auf die eigene nationale Existenz führte. Verschiedene Ursachen wirkten in der Nachkriegszeit zusammen, die gemeinsam hatten, daß sie das gestörte Verhältnis der Deutschen zu ihrer Nation begründeten, verstärkten, stabilisierten, bis hin zu dem Punkt, an dem Zweifel aufkamen, ob überhaupt noch eine deutsche Nation existiere. Der Fortbestand aller »objektiven« Bedingungen war unleugbar, aber fragwürdig erschien, ob die Deutschen noch den *Willen* hatten, eine Nation zu sein.

Ursprünglich erhob jeder der beiden Staaten in Deutschland einen Alleinvertretungsanspruch für die ganze Nation, unter Einschluß der Gebiete östlich von Oder und Neiße, unter Ausschluß Österreichs, das zwar nach Kriegsende auch besetzt worden war, aber den Status von »Hitlers erstem Opfer« genoß und mittelfristig zur Durchsetzung eines »österreichischen Nationalbewußtseins« nutzte. Der gesamtdeutsche Anspruch wurde an den Aussagen des Grundgesetzes (vom 23. Mai 1949) und der ersten Verfassung der DDR (vom 7. Oktober desselben Jahres) besonders deutlich. Die Bundesrepublik hatte sich gemäß Art. 146 GG sogar als Provisorium zu betrachten: »Dieses Grundgesetz verliert seine Gültigkeit an dem Tage, an dem eine Verfassung in Kraft tritt, die von dem deutschen Volke in freier Entscheidung beschlossen worden ist.« Die Bezeichnung »Grundgesetz« – anstelle von »Verfassung« – sollte den vorläufigen Charakter noch zusätzlich zum Ausdruck bringen. In der Präambel hieß es außerdem: Die »verfassunggebende Gewalt« habe »… auch für jene Deutschen gehandelt, denen mitzuwirken versagt war«, und: »Das gesamte Deutsche Volk bleibt aufgefordert, in freier Selbstbestimmung die Einheit und Freiheit Deutschlands zu vollenden.« In diesem Punkt ging die Verfassung der DDR über das Grundgesetz insofern hinaus, als hier behauptet wurde, die Verfassung sei direkt und definitiv durch das »deutsche Volk« in Kraft gesetzt worden und bilde das gesetzliche Fundament für den Aufbau einer einheitlichen demokratischen Republik.

Angesichts der machtpolitischen Situation konnten weder die Bundesrepublik noch die DDR ihren Anspruch durchsetzen. Während es der Bundesrepublik wegen ihrer wirtschaftlichen Prosperität und wegen der Unterstützung durch die USA in den fünfziger und sechziger Jahren immerhin möglich wurde, diplomatisch in vielen Ländern als einziger deutscher Staat aufzutreten, blieb der DDR nichts anderes als eine nationale Propaganda, an die die Führung um Ulbricht kaum selbst geglaubt haben dürfte. Andererseits besaß das Problem der Wiedervereinigung für die Bevölkerung der DDR einen wesentlich höheren Stellenwert als für diejenige der Bundesrepublik. Denn den Menschen, die ihr Leben unter der Herrschaft des SED-Regimes zubringen mußten, war unmittelbarer deutlich, daß ihre Lage nur nach der Lösung der Deutschen Frage zu bessern war. Der Aufstand vom 17. Juni 1953 entwickelte sich deshalb in kürzester Zeit von einer sozialen zu einer nationalen Protestbewegung, noch bei der Rückkehr der Saar 1955 kam es in Jena und anderen Städten zu spontanen Demonstrationen, bei denen die Wiedervereinigung gefordert wurde. Den Westdeutschen bot sich währenddessen nicht nur der mentale Ausweg in ein Wirtschaftswunderland, das jenseits aller politisch-geographischen Koordinaten lag; sie glaubten auch eine Alternativ-Option zur nationalen Einheit in Gestalt der europäischen Einheit zu besitzen.

Bis zum Ende der sechziger Jahre hielten die im Bundestag vertretenen Parteien rhetorisch an der Wiedervereinigung Deutschlands (im allgemeinen unter Einschluß der Ostgebiete) fest und unterstützten gegenüber den Warschauer-Pakt-Mitgliedern eine ganz klassisch nationalstaatlich orientierte Politik. Erst dann begann die allmähliche Räumung der bisher behaupteten Positionen, ein Vorgang, der allerdings geistig schon längere Zeit vorbereitet war. Es verbreitete sich die Ansicht, daß die neuerliche Herstellung eines deutschen Staates und das Ziel der Westintegration unvereinbar seien, aber man folgerte daraus, daß sich die Deutschen – angesichts ihrer historischen Schuld – zum Verzicht auf die Einheit zu entschließen hätten. Eine Denkfigur, die vor allem auf die junge linke Intelligenz in Westdeutschland erheblichen Eindruck machte und der man von bürgerlicher Seite etwas hilflos das Plädoyer für einen bundesrepublikanischen Patriotismus oder formelhaft wirkende gesamtdeutsche Appelle entgegensetzte.

Wahrscheinlich hat Adenauer selbst in der letzten Phase seiner Regierungszeit erkannt, daß die von ihm verfolgte deutschlandpolitische Konzeption nicht aufging. Das hing vor allem mit der »Entspannungspolitik« zusammen, die Ende der fünfziger Jahre eingeleitet worden war. Der amerikanische Präsident Kennedy wollte den Kanzler notfalls zwingen, seine Halsstarrigkeit gegenüber der *Détente* aufzugeben. Im Oktober 1961, kurze Zeit nach dem Mauerbau, erklärten Briten und Amerikaner der Bundesregierung, daß sie »... die Autorität der Regierung in Ostdeutschland anerkennen« müsse und die Oder-Neiße-Linie als definitive deutsch-polnische Grenze zu akzeptieren habe.[99]

Besser als seine eigenen Gefolgsleute erkannten die politischen Gegner Adenauers die Zeichen der Zeit. Nachdem Kurt Schumacher ursprünglich versucht hatte, die SPD in die Partei eines linken, demokratischen Nationalismus umzuformen, ohne aber jemals das taktische Format des Kanzlers zu erreichen, und nachdem sich die Sozialdemokraten in der zweiten Hälfte der fünfziger Jahre sukzessive mit den großen Linien der von Adenauer festgelegten Außenpolitik (Wiederbewaffnung, europäische Integration, NATO-Beitritt) abgefunden hatten, begann nach der Berlin-Krise und dem Mauer-Bau eine Neuorientierung. Die Formel »Wandel durch Annäherung« benutzte Egon Bahr zuerst auf einer Tagung der Evangelischen Akademie Tutzing im Juli 1963. Damit war vor allem gemeint, daß eine zukünftige Deutschlandpolitik die Anerkennung der Realitäten zu vollziehen habe, und die Realität bestimmte die Existenz zweier deutscher Staaten. Diese Tatsache wurde von den Regierungen, die die CDU / CSU bis 1969 leitete und die an den »Alleinvertretungsanspruch« (sogenannte Hallstein-Doktrin) gebunden waren, nicht akzeptiert. Die unter Schumacher noch strikt antikommunistischen Sozialdemokraten wollten nun der Sowjetunion ein Signal geben, daß man nicht länger daran denke, den Ostblock zu destabilisieren. Sie hofften auf diese Weise das Vertrauen zu schaffen, das wiederum die Voraussetzung für eine allmähliche Annäherung und schließlich für die Auflösung der Pakte bilden sollte.

Ohne Zweifel fügte sich dieses Konzept wesentlich besser in die Entspannungswünsche der USA ein als die – trotz einiger Lockerungen – weiter unnachgiebige Haltung der Unionsparteien, was dazu führte, daß die nach dem »Machtwechsel« von 1969 an die Regierung gekommene sozial-liberale Koalition unter Führung Willy Brandts die grundsätzliche Unterstützung Washingtons für ihre »neue Ostpolitik« fand. Selbstverständlich gab es gegen diese Politik Widerstand: Mißtrauen weckte in der Opposition vor allem die Gefahr des Ausverkaufs deutscher Interessen und die Aufgabe des Wiedervereinigungsgebotes. Mit Recht konnte sie darauf hinweisen, daß die Verhandlungen zum Warschauer Vertrag mit Polen und zum »Grundlagenvertrag« mit der DDR hastig und mit der (innenpolitisch motivierten) Absicht geführt wurden, unbedingt einen Abschluß zu erzielen und daß sich SPD und FDP von Vorstellungen – etwa in bezug auf die Oder-Neiße-Linie – entfernten, die sie noch wenige Jahre zuvor erbittert verteidigt hatten.

Ein Gegenkonzept konnten CDU und CSU allerdings nicht anbieten. In ihrer Kritik gab sich die Union »nationaler«, als sie während ihrer eigenen Regierungszeit gewesen war. Die ganze Misere der bürgerlichen Parteien ließ sich an ihrem Abstimmungsverhalten bei der Ratifizierung der Ostverträge erkennen. Durch die zahlreichen Übertritte von SPD und FDP-Abgeordneten hätte man mit 248 von 496 Stimmen das Inkrafttreten der Verträge verhindern können. Aber bei der Abstimmung enthielt sich die Mehrheit (238 beim Moskauer, 231 beim Warschauer Vertrag), und nur eine Minderheit votierte mit »Nein« (zehn beziehungsweise 17 Stimmen). Anders sah die Situation in bezug auf den Grundlagenvertrag aus, der die Beziehungen zur DDR neu regeln sollte. Hier stimmte die Union fast geschlossen gegen die Ratifizierung, was aber angesichts der anderen Mehrheitsverhältnisse im neu gewählten Bundestag keine Rolle spielte. Die von der CSU geführte bayerische Staatsregierung reichte beim Bundesverfassungsgericht eine Normenkontrollklage gegen den »Grundlagenvertrag« ein, mußte sich jedoch mit der Feststellung zufriedengeben, daß das Abkommen – hart an der Grenze – verfassungsgemäß sei.

Die unmittelbaren Konsequenzen der »Neuen Ostpolitik« waren vor allem psychologischer Art. In der Bundesrepublik wich zuerst das Bedrohungsgefühl, das der kommunistische Block bis in die sechziger Jahre hinein ausgelöst hatte, und machte einer zum Teil unbegreiflichen Verharmlosung der Sowjetunion Platz, und daraus folgte weiter, daß die »Entspannung« von einem politischen Mittel zu einem politischen Zweck wurde, was wiederum die Deutsche Frage weitgehend aus dem Gesichtsfeld der Regierung und dann der Öffentlichkeit verschwinden ließ.

Dem entsprach die Tendenz der DDR-Führung, ihrerseits einen Schlußstrich unter die Einheit der Nation zu ziehen. Noch in der revidierten Verfassung vom 9. April 1968 hatte es geheißen: »Getragen von der Verantwortung, der ganzen deutschen Nation den Weg in eine Zukunft des Friedens und des Sozialismus zu weisen ...«, habe sich das »Volk der Deutschen Demokratischen Republik« eine staatliche Ordnung gegeben, aber nach der Machtübernahme Erich Honeckers und einer neuerlichen Änderung der Präambel war nur noch die Rede vom »Volk« der DDR.[100] Die Versuche, eine eigene DDR-Nation zu definieren, nahmen im Lauf der Zeit eher groteske Formen an. Trotz eines unbestreitbaren Selbständigkeitsbewußtseins auch in der Bevölkerung, scheint man gerade in der Spitze des Regimes der Tragfähigkeit dieses Konzepts kaum getraut zu haben. In einer Ansprache vor SED-Funktionären im Februar 1981 sagte Honecker in rhetorischer Wendung gegen die Bundesrepublik: »Seid vorsichtig. Der Sozialismus klopft eines Tages auch an Eure Tür, und wenn der Tag kommt, an dem die Werktätigen der Bundesrepublik an die sozialistische Umgestaltung der Bundesrepublik Deutschland gehen, dann steht die Frage der Vereinigung beider deutscher Staaten vollkommen neu. Wie wir uns dann entscheiden, daran dürfte wohl kaum ein Zweifel bestehen.«[101] Es erhob sich spontaner Beifall, – Honecker hat seine Äußerung nie wiederholt.

Eine Unterbrechung in diesem gesamtdeutschen Prozeß der Abwendung von der Einheit der Nation deutete sich nur vorübergehend an. Zu Beginn der achtziger Jahre schien unter dem Eindruck der Friedensbewegung etwas wie ein neuer »linker Patriotismus« zu entstehen. Angesichts der Debatte um die Stationierung von Mittelstreckenraketen wurde den Deutschen wieder ins Bewußtsein gerückt, daß sie das Schlachtfeld in einem Dritten Weltkrieg sein würden. Durch die spezifische Eigenart der Friedensbewegung (die SED nutzte sie mit Erfolg als »Trojanisches Pferd«) konnte sie zur ersten gesamtdeutschen Bewegung der Nachkriegszeit mutieren und eine Debatte über deutsche Identität anregen, wie sie mit solcher Leidenschaft seit langem nicht mehr geführt worden war. Aber die Nation hatte von dieser Seite letztlich keine Rettung zu erwarten, so wenig wie von der bürgerlichen Koalition, die 1982 die Regierung übernahm.

Das alt-neue Bündnis von Union und FDP bedeutete keine Kehre in der Geschichte der Bundesrepublik, weder innen- noch außenpolitisch. Systematisch hatte der neue Kanzler Helmut Kohl in der Unionsfraktion des Bundestages diejenigen gefördert, die helfen konnten, die Partei aus den Kampfpositionen der frühen siebziger Jahre herauszubringen. Schon deshalb gab es in der Deutschlandpolitik keine »restaurative« Tendenz. Eher wird man von einer gewissen Doppelzüngigkeit sprechen müssen: Um die nationalkonservative Klientel und die Vertriebenen nicht zu verprellen, hielt man verbal an den Maximalforderungen fest, *de facto* wurden aber die mit den Ostblockstaaten abgeschlossenen Verträge peinlich genau eingehalten. Nur zu einem einzigen Zeitpunkt deutete sich etwas wie ein neues Profil an. Doch führte massiver Widerstand damals zum sofortigen Rückzug des Regierungschefs: In einer Ansprache hatte Kohl geäußert, daß »seine Generation« das Problem der Wiedervereinigung lösen müsse, die Formulierung aber aufgrund heftiger Proteste in der Presse abgeschwächt und relativiert, bis hin zu der dann oft zitierten Aussage, daß die Wiedervereinigung nicht auf der »Tagesordnung der Weltpolitik« stehe.

Die Verläßlichkeit im Bündnis war der entscheidende Eckpfeiler der Außenpolitik für die bürgerliche Koalition, und die Wahrung der Rechtspositionen der Ausgangspunkt ihrer Deutschlandpolitik. Die Absage an alle nationalen Alleingänge war dezidiert. Gegenüber der DDR setzte man die Diplomatie der »kleinen Schritte« fort. Unter dem Vorzeichen der europäischen Integration und der Entspannung wurde ein »Verfassungspatriotismus« nach amerikanischem Muster entworfen, der es erlauben sollte, daß die Westdeutschen »… ohne Gewissensbelastung zu dem Vaterlandsbegriff … zurückkehren, weil dessen Ethos unter Hitler zwar gelitten hat, aber durch seine Herrschaft nicht desavouiert ist. Deswegen nicht, weil er selber es für sich und seine Ziele überhaupt nicht in Anspruch genommen hat«[102]. Obwohl diese Konstruktion auf äußerst schwachen Füßen stand, hatte sie erheblichen Einfluß. Im Vorfeld der Beratungen um ein neues Grundsatzprogramm der CDU Anfang 1988 versuchte der damalige Generalsekretär der Partei, Heiner Geißler, sogar, die »Wiedervereinigung« als Zielbestimmung der Unions-Politik aus dem Text tilgen zu lassen.

Angesichts dieser geistigen Lage in Westdeutschland ist es überraschend, daß weder die Kopfgeburt des »Verfassungspatriotismus« noch die verschiedenen Formen prinzipieller »Nationvergessenheit«[103] Einfluß auf die breitere Bevölkerung gewannen. Trotz der gegenläufigen Beeinflussung durch Medien und Multiplikatoren empfand sich die vielberufene »schweigende Mehrheit« weiter als Teil einer deutschen Nation. Selbst in den achtziger Jahren erbrachten alle demoskopischen Erhebungen einheitlich das Resultat, daß mehr als drei Viertel der Wähler die Wiedervereinigung wünschte, daß man die baldige Verwirklichung dieses Zieles allerdings für unwahrscheinlich hielt.[104]

Die Wiedervereinigung kam 1990 nicht nur zustande, weil die diplomatische Konstellation es nach dem Ende des Kalten Krieges erlaubte, und nicht nur wegen der friedlichen Erhebung in der DDR, sondern weil diese »schweigende Mehrheit« in Westdeutschland sie billigend hinnahm. Man stimmte zwar nicht ein in den Ruf der mitteldeutschen Demonstranten »Wir sind ein Volk«, aber der Sachverhalt als solcher war anerkannt und wurde – von bedeutungslosen, wenn auch einflußreichen Minderheiten abgesehen – nie in Frage gestellt. Die Vereinigung von Bundesrepublik und DDR vollzog sich aufs Ganze gesehen erstaunlich schmerzlos, und für einen Moment schien es so, als ob die Deutschen durch einen der wenigen Glücksfälle ihrer Geschichte in die Lage versetzt würden, ihre Existenz als Nation neu zu bestimmen.

Dazu ist es nicht gekommen. Die Gründe sind vielfältig und können hier nicht eingehender erörtert werden. Fest steht aber, daß die durch die Wiedervereinigung bedrohte »linksliberale Hegemonie in der politisch-intellektuellen Öffentlichkeit«[105] rasch wieder stabilisiert werden konnte. Ein wesentlicher Grund waren nicht so sehr die aktuellen Konflikte am Beginn der neunziger Jahre, die es möglich machten, das Gespenst eines neuen deutschen Nationalismus zu zeichnen (Anschläge auf Asylsuchende, der »Fall Heitmann«), sondern die endgültige Durchsetzung jener Vorstellung, daß die Annahme deutscher Schuld das theologische Fundament der den Staat bestimmenden Zivilreligion zu sein habe.

In einem langwierigen, bis in die Nachkriegszeit zurückreichenden, aber erst durch den wachsenden Einfluß der »Achtundsechziger« erfolgreichen Prozeß wurde in Deutschland eine Menge von politischen Glaubensüberzeugungen etabliert, die die politische Gemeinschaft heute bestimmen. Dazu gehört vor allem, daß die Glieder dieser Nation nur *ex negativo* eine Einheit bilden, eben als Schuldige. Die positiven Bezüge der deutschen Geschichte sind gleichsam ausgelöscht oder gelten als »belastet«. Die Geschichte des deutschen Volkes wurde faktisch »... aufgesogen von der Geschichte Hitlers«[106]. Das führt nicht nur dazu, daß auf jedes wirkliche oder vermeintliche Aufflackern des Nationalismus regelmäßig überreagiert wird, es führt auch dazu, daß den Deutschen jedes stabile Selbstwertgefühl fehlt. Man kann das wohl besonders deutlich an der Inbrunst beobachten, mit der hier an die Verheißungen der multikulturellen Gesellschaft geglaubt wurde, mehr noch an der Bereitwilligkeit, mit der man den »Volks«-Begriff, der noch das Verständnis der Nation im Grundgesetz bestimmte, demontierte. Angesichts der Debatte um das neue Staatsbürgerrecht, das das traditionelle Abstammungsprinzip durch eine sehr großzügige Aufnahmepraxis nach dem *ius soli* ersetzte, merkte der französische Philosoph und Publizist Alain Finkielkraut an, es beunruhige an den Deutschen ihre Unfähigkeit, Maß zu halten. Sie seien zu »Athleten des Unkörperlichen« geworden, eigentlich zu »Superfranzosen«[107], die im Namen der universalen Werte alle partikularen opferten, alle vorpolitischen Beimischungen aus dem Politischen entfernen wollten und so einer Welt den Weg bereiteten, die sich in Gestalt des globalen Marktes längst verwirkliche, und der nun die letzten Hindernisse im Namen der Menschenrechte und der Aufklärung beiseite geräumt würden.

Der deutsche, ein Sonderweg?

Was an der Kritik Finkielkrauts besticht, ist die Tatsache, daß er als Franzose (und als Jude) ausdrücklich bestimmte Motive des deutschen Weges zur Nation rehabilitiert. In Deutschland selbst ist davon keine Rede. Das allein mit dem Hinweis auf die NS-Herrschaft, die Besetzung, die Teilung und die Vergangenheitsbewältigung erklären zu wollen, hieße zu kurz greifen. Es gibt ein viel grundsätzlicheres, wenn man so will: konstitutives, Defizit im Verhältnis der Deutschen zu ihrer Nation.

Nationalismus ist in Deutschland im Ganzen gesehen nur eine sehr schwache Potenz gewesen, der Normalfall war eher die oben apostrophierte Nationvergessenheit. In einer Rede aus dem Februar 1863 merkte Bismarck an: »Die Neigung, sich für fremde Nationalitäten zu begeistern, auch dann, wenn dieselben nur auf Kosten des engeren Vaterlandes verwirklicht werden können, ist eine politische Krankheit, deren geographische Vertretung sich auf Deutschland leider beschränkt«[108]. Gut zwanzig Jahre später schrieb der damalige österreichische Handelsminister Alfred von Kremer, daß der »konservative Charakter«[109] der Deutschen diese dazu bringe, jeder, auch der fremden,

Obrigkeit loyal zu dienen, selbst dann, wenn diese mit ihrer Politik offenbar danach strebe, den Bestand des Deutschen zu beschädigen oder zu vernichten.

Ob man diesen »konservativen Charakter« als Teil eines unwandelbaren Nationalcharakters betrachten darf, ist allerdings zweifelhaft. Das Mittelalter kannte eher den hochfahrenden Sinn der Deutschen, die sprichwörtliche *superbia teutonicorum*. Allerdings hat der Niedergang des Reiches diesem Selbstgefühl entscheidende Schläge versetzt, die sich sehr tief in das Gemüt des Volkes eingeprägt haben. Schon zu Beginn des 16. Jahrhunderts klagte der Humanist Heinrich Bebel vor Kaiser Maximilian, daß die Deutschen mehr von Alexander, Cäsar und Pompeius als von den Ottonen und Staufern wüßten, und: »Dieses Vergessen hat keine andere Ursache als den Mangel der Überlieferung.«[110]

Die Vorstellung, daß die eigene Tradition, das Eigene überhaupt nichts gelte, minderwertig sei, hat sich, von kurzen Unterbrechungen abgesehen, durch die großen Katastrophen der folgenden Zeit immer weiter verstärkt und erst wieder abgeschwächt mit dem Auftreten der Nationalbewegung am Ausgang des 18. Jahrhunderts, die – bei aller Unzulänglichkeit – doch den Versuch machte, den Mangel der Deutschen an nationalem Empfinden zu beheben. Dabei war jedes Anknüpfen an die Überlieferung immer mit dem Bewußtsein verbunden, daß in dieser Überlieferung das Nationale vom Übernationalen untrennbar war. Wahrscheinlich liegt darin neben dem metaphysischen Sinn die von vielen beobachtete »Formfeindlichkeit« des Deutschen begründet, auch seine Neigung, die Nation vorschnell im Namen höherer Werte und Prinzipien zu negieren. Umgekehrt hat der Versuch, diese Gefahren unbedingt zu meiden, ebenfalls in die Irre geführt. Der radikale Partikularismus erzeugte eine Art Unterbietung des Nationalen, indem er es ganz der »objektiven« Meßbarkeit von Rassenmerkmalen zuordnen wollte.

Es handelt sich im einen wie im anderen Fall um ein Defizit, das durch in eine Neigung zum Unpolitischen entsteht. Romantiker und Völkische haben mit ihrer Betonung des organischen Charakters der Nation die Vorstellung gefördert, daß das Volk nicht nur vor der politischen Nation, sondern eigentlich auch ganz ohne sie bestehen könne. Noch in Friedrich Meineckes Begriff der »Kulturnation«[111] und in den »Abfindungsformeln«[112] der siebziger und achtziger Jahre – »zwei Staaten – eine Nation«, Pflege der »deutsch-deutschen Gemeinsamkeiten« trotz der Blockspaltung – wirkte dieser Gedanke nach. In der Wirklichkeit hatte er niemals Bestand. Auf die Dauer kann die Nation, und insofern ist die »westliche« Kritik berechtigt, nicht ohne politische Verfassung existieren.

Daß diese Einsicht in Deutschland so schwer fällt, hängt auch damit zusammen, daß die Nation hier anders als in Frankreich unvollendet blieb. Daher auch die Anfälligkeit für die Übernahme fremder Modelle, obwohl diese schlecht oder gar nicht passen. Es ist das um so bedauerlicher, als nach dem Fall des Eisernen Vorhangs wieder unverkennbar wurde, daß die Mehrzahl der Nationen in Europa nicht als Staatsnationen, sondern als »Volksnationen« anzusprechen sind, daß zumindest im ganzen nord-, mittel- und ostmitteleuropäischen Raum die Staaten auf einer Grundlage ruhen, die nur dann als stabil betrachtet werden kann, wenn sie auf der Gemeinsamkeit von Kultur, Sprache und historischer Überlieferung beruht. Wo das nicht der Fall war, weil es sich um Relikte der Ordnungen von 1919 oder von 1945 handelte – etwa Jugoslawien, die Tschechoslowakei, die Sowjetunion selbst –, sind diese teilweise oder vollständig in ihre ethnischen Bestandteile zerfallen. Das bedeutete vor allem, daß die jakobinische Lösung, die immer auf die gewaltsame Herstellung von Homogenität abzielt, gescheitert ist. Es besagt der Vorgang wenig oder nichts gegen das Prinzip des Nationalstaates oder die Volksnation.

Für die Zukunft wird von Bedeutung sein, in welchem Sinn die europäischen Volksnationen zwischen Baltikum und den Niederlanden, zwischen Skandinavien und dem Appenin das entscheidende Element ihrer politischen Identität zur Geltung bringen. Den Sachverhalt einfach zu übergehen, daß sie, anders als die westlichen Staatsnationen, weniger durch einen politischen Prozeß gemacht, als vor dem politischen Prozeß durch kulturelle Integration entstanden sind, ist nur möglich, wenn man die Basis ignoriert, auf der die Volksnation überhaupt Nation sein kann. Der Gedanke, es handele sich hier, und besonders im deutschen Fall, um eine Abart des legitimen Konzepts der Nation, beruht auf einer unzulässigen Vereinfachung, die aus der Konfrontation der idealen Selbstdarstellung des westlichen Nationalstaats – als universalistische und rationale Ordnung – mit einem bewußt verdunkelten Bild des deutschen – als völkisch-rassistische und irrationale Ordnung – resultiert. Dabei wird die negative und mörderische Seite des westlichen Modells bewußt ignoriert und die Auffassung entwickelt, Deutschland habe eine Art historischen »Irrweg« eingeschlagen, der entweder schon im Mittelalter oder mit der Glaubensspaltung, in Ermangelung einer wirksamen Aufklärung oder durch den Einfluß Preussens begangen wurde.

Dagegen hat der Historiker Theodor Schieder schon in seiner Typologie des Nationalstaates darauf hingewiesen, daß die Volksnation nicht als »Sonderweg«, sondern als »zweite Phase«[113] in der Entstehung von Nationalstaaten in Europa zu betrachten sei. Das »französische Konzept« war das historisch ältere, aber unter den Umständen des 19. Jahrhunderts nicht auf die Mehrzahl der europäischen Völker übertragbar. Das zeitliche Prius hing ohne Zweifel mit dem relativen Modernitätsvorsprung Frankreichs (und Englands beziehungsweise Großbritanniens) zusammen, aber auch mit den wesentlich anderen kollektiven Lernprozessen, die diese Völker, genauer: ihre Eliten, durchlaufen hatten. Ihrer »Nationalisierung« konnte nicht mehr vorgearbeitet werden durch eine zentralistische Monarchie, die die Vereinheitlichung von staatlicher Ordnung, Territorium, Kultus und Sprache betrieb, bis die Nation lernte, diese Faktoren ihrer Existenz als »natürlich« zu betrachten. Hier fand ein Rekurs auf eine lange Zeit »volklicher« Existenz statt, häufig ohne politische Zusammenfassung, die erst ins Bewußtsein und Volksempfinden gehoben werden mußte, vermittelt durch eine Volkserziehung, die half, das »natürliche« auch zu einem politischen Moment zu machen.

Die Nation – ohne Alternative

Die Behandlung des »französischen« und des »deutschen Konzepts« sollte nicht den Eindruck vermitteln, als ob man es mit völlig gegensätzlichen Entwürfen zu tun habe. Eher stehen die »Konzepte« in einer dialektischen Beziehung. Damit ist nicht nur gemeint, daß die deutsche Idee des »Volkes« erst »... in der Reaktion«[1] auf die Einseitigkeit der französischen Idee der »Nation« entstand, sondern auch, daß die Fortwirkung »völkischer« Elemente im Westen ebenso unumgänglich ist wie das Vorhandensein einer staatlichen und einer »weltbürgerlichen« Perspektive im deutschen Entwurf.

Das *concept français* und das *concept allemand* sind ohne den geschichtlichen Vorgang, in dem die französische und die deutsche Nation entstanden, nicht zu begreifen. Beide hängen auf das engste mit historischen Erfahrungen zusammen, das gilt für ihre Stärken ebenso wie für ihre Schwächen. Beide haben dazu beigetragen, daß die Nation eine so überzeugende und außerordentlich erfolgreiche politische Ordnung werden konnte. Heute gilt die Einheit von Nation und Staat als Normalfall politischer Organisation, nicht nur in Europa, sondern weltweit. Dabei lassen sich im Sinn des oben Dargestellten nach wie vor zwei Modelle der Nation unterscheiden:

1. Die Nation als eine vom Staat geschaffene Einheit, gekennzeichnet durch zentralisierte Organisation und deutliche Begrenzung des Ge-

biets, verbunden mit der vom Staat erwirkten, wo nicht erzwungenen, Beseitigung von Sonderrechten und kulturellen Abweichungen, etwa Dialekten oder Glaubensformen einer Minderheit. Viele frühere britische und französische Kolonialgebiete sind in diesem Sinn Staatsnationen oder versuchen es zu werden.

2. Die Nation als Ergebnis eines allmählichen Prozesses auf dem Fundament eines Volkes, einer vorpolitischen Einheit, die durch gemeinsame Herkunft, gemeinsames Wohngebiet, gemeinsame Sprache und Kultur bestimmt ist. Selbst wenn man von Israel absieht, das bis heute die Behauptung einer die Zeit ohne Staat überdauernden jüdischen Gemeinschaft als notwendige Grundlage seiner Einwanderungspolitik betrachtet, kann man in diesem Zusammenhang auf so unterschiedlich geprägte Länder wie Japan oder die aus der Sowjetunion hervorgegangenen Nationalstaaten Georgien und Armenien hinweisen, die alle unter Rekurs auf das jeweilige Volk ihre Souveränitätsrechte in Anspruch nahmen. Neben den beiden hier in den Mittelpunkt gestellten Konzepten muß als eine Variante

3. der Nationalitätenstaat betrachtet werden, sofern er sich als Nationalstaat definiert. Im Prozeß der Nationenbildung sind immer kleinere fremdnationale Elemente in die Nation eingeschmolzen worden. Allerdings hatte dieser Vorgang – selbst bei der Anwendung von Gewalt – nur dann Erfolg, wenn der Anteil, der assimiliert werden sollte, begrenzt blieb, nicht durch dauernden Zuzug unterstützt wurde und ohne gefestigte eigene Identität war. Anders liegt der Fall bei den Staaten, die schon im Moment der

> Gründung entwickelte Nationalitäten umfaßten. Soweit solche Staaten zur Welt des alten Europa gehörten – das russische, das habsburgische und in einem gewissen Sinn auch das osmanische Reich –, sind sie längst an der Macht des nationalen Gedankens zerbrochen. Neubildungen – wie die Tschechoslowakei, Jugoslawien, die Sowjetunion – verschwanden nach einem gewissen Zeitraum von der Landkarte und zerfielen ganz oder zu großen Teilen in ihre ethnischen Bestandteile. Immer hing der Untergang damit zusammen, daß die Nationalität, die die anderen zu beherrschen und zu assimilieren trachtete, also die Tschechen in der Tschechoslowakei, die Serben in Jugoslawien, die Russen in der Sowjetunion, den Glauben an die Legitimität ihrer Herrschaft auf die Dauer nicht gegen das Verlangen nach nationaler Selbstbestimmung durchsetzen konnten.

Es wird nicht behauptet, mit diesen drei »Typen« die Nation erschöpfend bestimmt zu haben. Aber historisch gewordene Größen sind nie ganz exakt zu definieren, man muß sich mit Annäherungen zufriedengeben. Das hier betrachtete Phänomen zeigt so viele verschiedene Facetten, weil es so viele verschiedene geschichtliche Vorgänge gibt, aus denen Nationen entstehen können. Der Historiker Otto Vossler hat deshalb als eine Art Minimaldefinition vorgeschlagen: »Nation ist, was eine Nation sein will«[2]. Diese Formel darf nicht im Sinn einer subjektivistischen Bestimmung der Nation mißverstanden werden. Der, der da will, muß nicht der einzelne sein, der eine bestimmte, vielleicht noch rational einsehbare Verfassungsform akzeptiert, es kann sich gerade auch um die Anerkennung einer Verpflichtung handeln, die aus Herkunft und Tradition erwachsene, bejahende Hinnahme von etwas, das jenseits vernünftiger Einsicht liegt. Wichtig ist auch, noch eine andere Verkürzung zurückzuweisen, die den Irrtum nahelegt, es könne der Wille sich auf etwas *ad hoc* Geschaffenes beziehen. Die Nation muß schon erkennbare Gestalt gewonnen haben, wenn sich der »Wille« auf sie richten soll. Schließlich bliebe zu ergänzen: »Eine Nation ist, was eine Nation sein will und diesen Willen dauernd aufrechterhalten kann«. Wenn der Wille erlischt, dann wird die Nation als historische Größe verschwinden. Ob der Wille durch Wahlen als Votum der zahlenmäßigen Mehrheit zum Ausdruck gebracht wird oder als Wille einer Elite besteht – Oswald Spengler meinte zu recht: »Jede Nation wird vor der Geschichte durch eine Minderheit repräsentiert«[3] –, ist dabei ohne Belang, es kommt in erster Linie auf die Intensität des Willens an.

Es gibt heute zahllose Möglichkeiten, das Abnehmen dieses nationalen »Willens« zu beobachten. Einige davon sind besonderer deutscher Natur. Sie beruhen wie erwähnt auf den Belastungen, denen die Nation hier – moralisch und materiell – ausgesetzt war. Aber eine Tendenz zu »nationalitätsflüchtigem«[4] Verhalten ist in allen modernen Nationen zu beobachten. Auch junge Franzosen und junge Briten und junge Italiener haben nur mehr eine gelockerte Bindung an ihre Nationen, obwohl diese keinen den deutschen vergleichbaren Belastungen ausgesetzt waren. Das Aufweichen des Nationalen ist eine allgemeine Erscheinung vor allem im Westen und hängt mit der dramatischen Veränderung der lebensweltlichen Bedingungen zusammen, unter denen der Mensch gegenwärtig existiert. Unser Leben ist schneller und anonymer, eindrucksvoller und bedeutungsloser, komplizierter und barbarischer, als es in der Vergangenheit jemals sein konnte, in ihm sind Gefühle schwerer zu verankern, denn der moderne Mensch neigt einerseits zu abgebrühter Sicht der Dinge, andererseits zu ebenso sentimentalen wie folgenlosen Aufwallungen. Das Nationale gibt es zwar als Hintergrundwahrnehmung, aber es tritt selten oder nur mehr als Atavismus ins Bewußtsein. Daß es seine Funktion als Fokus von Loyalitäten verloren hat, kann man nicht nur an der Kommerzialisierung und Internationalisierung des Sports erkennen, sondern auch an dem Verschwinden der früher selbstverständlichen Bereitschaft zur Landesverteidigung in allen oder doch den meisten westlichen Staaten.

Der Soziologe Ferdinand Tönnies hat die hier geschilderten Tatbestände auf eine zwangsläufige »Kulturentwicklung« zurückgeführt, in der ein »Zeitalter der Gemeinschaft« durch ein »Zeitalter der Gesellschaft« abgelöst worden sei: »Dieses ist durch den sozialen Willen als Eintracht, Sitte, Religion bezeichnet, jenes durch den sozialen Willen als Konvention, Politik, öffentliche Meinung.«[5] Die Nation paßt allerdings weder in die eine noch in die andere dieser Kategorien ganz hinein. Sie ist keine »Gemeinschaft«, die eine selbstverständliche Übereinstimmung in Tradition, Glaube, Kleidung und Kost voraussetzt, noch ist sie mit der »Gesellschaft« identifizierbar, zu der sich einzelne zufällig oder aufgrund vernünftiger Erwägungen zusammenfinden. Die Nation ist eine Größe zwischen »Gemeinschaft« und »Gesellschaft«, ein »Bund«, der durch Bundes-Schluß begründet wurde.

Der Soziologe Herman Schmalenbach hat dem »Bund« als einer oft übersehenen Form des Zusammenlebens eine gründliche Untersuchung gewidmet[6] und dabei darauf hingewiesen, daß der »Bund« – anders als »Gemeinschaft« und »Gesellschaft« – wesentlich auf »Gefühlen« gründe. Das ist sofort einzusehen im Vergleich zur »Gesellschaft«, deren Basis Nützlichkeitskalkulationen bilden, wohingegen die »Gemeinschaft« – etwa die Familie – oft als durch Emotionen bestimmt scheint. Schmalenbach zeigte demgegenüber, daß die »Gemeinschaft« viel zu stark im Zwang der Überlieferung steht, als daß die notwendige Bewußtheit mächtig werden könnte, die mit dem Gefühl einhergeht. Das Hingezogenwerden, die Dankbarkeit, die Begeisterung für die Sache eines Bundes ist dagegen etwas anderes, so, wie der Bundes-Schluß etwas anderes ist als die Zusammengehörigkeit aufgrund naturhafter Bindung oder unbefragter Überlieferung und etwas anderes als ein »Gesellschaftsvertrag«.

Der Bundes-Schluß, durch den eine Nation entsteht – oder in dem sie sich erneuert – betrifft immer eine erkennbare, das heißt geschichtlich gewordene Größe, die mit bestimmten Gefühlswerten verbunden ist, die eine umfassende appellative Wirkung ausüben. Am Bundes-Schluß muß nicht die ganze Nation (wo wäre das möglich?) teilnehmen, es genügt, wenn eine Auswahl ihn vollzieht und ihr Handeln als repräsentativ akzeptiert wird. Klassische Beispiele für solche Stiftungen waren etwa das Föderationsfest auf dem Marsfeld vom Juli 1790, mit dem die französische Nation sich der *fraternité* aller Provinzen versicherte, oder der Aufbruch der Freiwilligen von 1813, die sich als Träger des politisch ja noch gar nicht vorhandenen Deutschlands begriffen, auch die »Wende« von 1989 / 90 wies viele entsprechende Momente auf. Die rituelle Wiederholung des Vorgangs spielt für die Nation eine wichtige Rolle, verblaßt aber zwangsläufig mit der Zeit. Bedeutsamer ist, daß der Bundesschluß im Ernstfall erneuert wird. Das kann durch kleine Gruppen oder manchmal sogar durch einzelne geschehen, wie etwa im Fall von De Gaulles Londoner Appell am 18. Juni 1940 nach der Niederlage Frankreichs, mit dem er die Fortsetzung des Kampfes im Namen der Nation verkündete, oder bei der Wiederholung des Rütli-Schwurs durch die Offiziere des schweizerischen Generals Guisan, die versprachen, das Land auch dann zu verteidigen, wenn die Regierung im Fall eines deutschen Angriffs kapitulieren sollte.

Wenn die Nation in erster Linie als Bund zu verstehen ist und der Bund auf Gefühlen beruht, dann wird erkennbar, daß das Schwinden der Gefühle eine eminente Bedrohung für die Fortexistenz der Nation bedeutet. In allen entwickelten Industrieländern kann man beobachten, daß sie dazu tendieren, ausschließlich »Gesellschaften« zu sein und dabei nicht nur Gemeinschaften zerstören, sondern auch trachten, die Gefühle aus der Beziehung zwischen Individuum und politischer Einheit zu tilgen. Der Vorgang ist nicht isoliert zu verstehen, er hat mit dem oben skizzierten sozialen Wandel zu tun, der seit mehr als zweihundert Jahren die einzelnen emanzipiert, sie von wichtigen älteren Bindungen trennt und mit der Rationalisierung der Existenzweise und der Entwurzelung zusammenwirkt.

Dieser Prozeß wird von vielen politischen Denkern indes nicht als problematisch oder gefährlich, sondern als besondere Chance betrachtet. In Deutschland hat der Philosoph Jürgen Habermas mehrfach dargelegt, daß er positive Entwicklungsmöglichkeiten gerade darin sieht, Menschen politisch aus hergebrachten kulturellen Systemen zu lösen. Es sei zwar im

Prinzip nichts dagegen einzuwenden, wenn Traditionen in Bildender Kunst, Musik, Literatur fortbestünden, aber einen Anspruch, diese Überlieferung unbeeinträchtigt fortzusetzen oder ihren Erhalt – »Artenschutz«[7] – zum Staatsziel zu machen, sei nicht erlaubt, widerspreche »universalistischen«, »westlichen«, »liberalen«, »demokratischen« Grundsätzen. Ein Recht auf Abgrenzung könne und dürfe es nicht geben, da es immer auf Diskriminierung beruhe, also »partikularistisch«, »inhuman« und »antidemokratisch« sei.

Habermas scheint überzeugt, daß sich die bekannten Staatsformen in einer gigantischen Transformation des politischen und gesellschaftlichen Lebens weitgehend auflösen werden; sein Optimismus bei der Einschätzung dieser Entwicklung speist sich aus der Annahme, daß drei große Vorgänge die kommenden Jahrzehnte in Europa bestimmen werden:

1. Die Zuwanderung aus Asien, Afrika und Lateinamerika, die die relative ethnische Homogenität der europäischen Nationen beseitigen und an deren Stelle den Multikulturalismus setzen werde,
2. die Beseitigung der verbliebenen Souveränitätsrechte der Nationalstaaten durch den Austausch von Personen, Kapital und Informationen,
3. die Entstehung neuer transnationaler Zusammenschlüsse, unter denen die UNO langfristig die wichtigsten Kompetenzen an sich ziehen müsse. Vorläufig komme auch der Europäischen Union entscheidende Bedeutung zu, aber das eigentliche Ziel müsse die »Weltinnenpolitik ohne Weltregierung«[8] sein.

Die neue »postnationale Konstellation«[9] bringe zwar eine Vermehrung von inneren Spannungen mit sich, denn sie verlange den Bürgern die Anpassung an immer stärker divergierende Lebensformen ab, aber Habermas glaubt, daß es durchaus möglich sei, einen »Verfassungspatriotismus« zu installieren, der die affektive Grundlage des neuen Gemeinwesens jenseits des Nationalstaates bilden könne. Nur die Zivilgesellschaft mit ihrer Orientierung an einer neuen Form des Zusammenlebens, das alle »völkischen« Differenzen überwinde, stehe für eine humane Zukunft.

Gegen diese heute von vielen, gerade von vielen Gebildeten, akzeptierte Argumentation müssen vor allem drei Einwände vorgetragen werden. Der wichtigste betrifft die hier behauptete Konfrontation von universalistischen und partikularistischen »Werten«. Folgt man den Behauptungen von Habermas und anderen, dann stehen wir vor der Alternative, uns entweder von der Nation als politischer Bezugsgröße zu verabschieden oder aber einer barbarischen, weil den Menschenrechten feindlichen, letztlich rassistischen Ordnung anheimzufallen. Bei genauerer Betrachtung zeigt sich aber nicht nur, daß der universalistische Entwurf gar keine handlungsfähigen politischen Größen zu seiner Verwirklichung bezeichnen kann, es wird auch deutlich, daß jede Parteinahme zugunsten der postulierten »Werte« im konkreten Fall durch Nationalstaaten erfolgt. Im übrigen ist der von Habermas favorisierte Universalismus mit seinen aus dem 18. Jahrhundert stammenden Hypothesen über die Geltung natürlicher Rechte und den Vorrang des Individuums in seinem Kern ein Produkt von philosophischer Tradition, christlicher Lehre und Aufklärung, das in dieser Kombination nur in Europa möglich war, und auch nur dort ganz akzeptiert wurde und wird. Wenn man von der Notwendigkeit globaler Regelungen überzeugt ist, bleibt eigentlich nur der

Rückgriff auf die tatsächlich allgemein verbreiteten kulturellen Konzepte und zu deren Kernbestand gehört der Bezug auf Kollektiv und Tradition, wie er in der Moderne durch die Nation gegeben ist.

Zum zweiten ist gegen Habermas festzuhalten, daß seine Erwartungen in die Möglichkeiten einer multikulturellen Gesellschaft trügerisch sind. Schon die Tatsache, daß sich in der Zeit seit dem Ende des Zweiten Weltkriegs die Zahl der Konflikte zwischen Staaten immer weiter verringert hat, während die der innerstaatlichen gewaltsamen Auseinandersetzungen kontinuierlich anstieg, sollte davor warnen, eine Entwicklung zu fördern, von der Habermas selbst glaubt, daß sie gesellschaftliche Konflikte provoziere. Multikulturalismus durch unkontrollierte Zuwanderung zieht die Stabilität aller europäischen Staaten in Mitleidenschaft; ausgerechnet Daniel Cohn-Bendit hat sehr zutreffend bemerkt: »Die multikulturelle Gesellschaft ist hart, schnell, grausam und wenig solidarisch, sie ist von beträchtlichen sozialen Ungleichgewichten geprägt und kennt Modernisierungsgewinner ebenso wie Modernisierungsverlierer, sie hat die Tendenz, in eine Vielfalt von Gruppen und Gemeinschaften auseinanderzustreben sowie die Verbindlichkeit ihrer Werte einzubüßen.«[10]

Entscheidend dürfte schließlich der Einwand sein, daß es Multikulturalismus in dem Sinn, wie ihn seine Propagandisten verstehen möchten, noch nie gegeben hat. Es ist kein Beispiel für das gleichberechtigte Nebeneinander aller möglichen zivilisatorischen Entwürfe innerhalb eines Staates zu finden. Vielvölkerstaaten kommen nie ohne »Reichsvölker« aus. Sie mögen mit einem strengen autoritären Regime bestehen können, aber ein System, dessen Machtträger aus Wahlen hervorgehen, kann neben der (partei)politischen eine ethnische oder eine ethnisch-religiöse Teilung des Spektrums der Kräfte nicht verkraften. Die österreichisch-ungarische Monarchie in ihrer Spätzeit ist ein interessantes Beispiel für diesen Vorgang.

Wahrscheinlich ist die entsprechende Einsicht bei vielen Verfechtern des Multikulturalismus längst akzeptiert. Jedenfalls fällt auf, daß seit geraumer Zeit auch und gerade von linker Seite der Vorschlag erhoben wird, statt an die nationale, an die »reichische«[11] Tradition anzuknüpfen (von Peter Glotz verbunden mit der Empfehlung, man solle »Talleyrand lesen«[12]). Dabei scheint vorausgesetzt, daß Europa in der Zukunft ein imperiales Gebilde werden sollte, das in seinen Grenzen eine bunte Völkerschar beherbergt, während die Nationalstaaten als potentielle Feinde des überlegen planenden Zentrums betrachtet werden müssen. Bestimmte Tendenzen der EU-Bürokratie, immer mehr staatliche Kompetenzen an sich zu ziehen, weisen ganz in diese Richtung. Jacques Delors, der ehemalige Präsident der Europäischen Kommission, erklärte, bald würden vier Fünftel aller wirtschaftlichen, sozialen und steuerlichen Entscheidungen für jedes Mitgliedsland in Brüssel konzipiert und dann durch den Ministerrat umgesetzt.

Der europäische Staat ist für seine Befürworter nicht mehr in erster Linie aus genuin politischen oder moralischen Gründen wünschenswert, er liegt in der Logik der historischen Entwicklung. Die Funktionstüchtigkeit der Nationalstaaten sehen sie aufgrund ihrer schwindenden Souveränität in Frage gestellt. Der grenzüberschreitende Verkehr, das Abschleifen nationaler Besonderheiten, die Notwendigkeit wirtschaftlicher Kooperation, die Gefahren eines Krieges in der Tradition des 19. Jahrhunderts, das alles scheint die mangelnde Brauchbarkeit des Nationalstaates zu zeigen. Das funktionalistische Argument hat allerdings auch eine Kehrseite. Es führt dazu, daß grundsätzlich alle Fragen politischer Organisation unter dem Gesichtspunkt ihrer Effizienz betrachtet werden müssen, und dabei dürfte sich rasch herausstellen, daß demokratische Prozeduren in einem Gebilde wie der Europäischen Union ausgesprochen hohe Reibungsverluste zur Folge haben. Die Schwäche des Europaparlaments wird sich deshalb nicht als vorübergehend erweisen, die Möglichkeit, auch bei Stärkung seiner Kompetenzen größeren Einfluß auf die Entscheidungen der Kommission zu nehmen, dürfte immer zurücktreten, der technokratische Zug der Entwicklung ist jetzt schon übermächtig.

Manches spricht tatsächlich dafür, daß wir einem neuen imperialen Zeitalter entgegengehen, daß zwar keine Weltrepublik, aber ein Weltstaatensystem entsteht, in dem Großräume miteinander um Ressourcen und Einfluß konkurrieren. Es wird sich wohl bloß ausnahmsweise um Imperien klassischer Prägung handeln, in den meisten Fällen dürfte Hegemonie nach dem Vorbild der *indirect rule* ausgeübt werden, und die entwickelten Staaten wie die europäischen werden sicherlich pro forma ihre Verfassungen behalten, aber faktisch in einen sehr aufgeklärten Absolutismus hinübergleiten. Diese Tendenz ist in Frankreich sehr früh gesehen worden und hat schon begonnen, ihre Schrecken zu verlieren. Der Publizist Jean-Marie Guéhenno verzichtete in seinem 1993 erschienenen Buch *Das Ende der Demokratie* auf jeden anklagenden Unterton und beschrieb nur das unausweichliche Schicksal Europas: »Das neue imperiale Zeitalter sollte am ehesten dem Römischen Reich Hadrians und Mark Aurels gleichen: Es dürfte keinen Anspruch auf überirdische Größe erheben und sich auch nicht göttliche Befugnisse zur Erfüllung irdischer Bedürfnisse aneignen wollen. Es müßte sich damit begnügen, lediglich eine Funktionsweise zu sein ...«[13].

Allerdings gibt es in Frankreich auch heftigen Widerspruch gegen dieses Szenario. Der frühere Innenminister Chevènement, hat den entscheidenden Einwand so formuliert: »Die Schwierigkeit liegt darin, daß die nationalen Identitäten existieren und in der Geschichte verwurzelt sind, während die europäische Identität eine Abstraktion bleibt, da sie nicht einem vitalen Bedürfnis der Völker entspricht. Wenn es ernst wird, in Krisenzeiten, wenden sich die Völker immer an die Nation.«[14] Was auch Chevènement unter »Krisenzeiten« genau verstanden wissen will, es lohnt sich, seinem Hinweis auf das »vitale Bedürfnis der Völker« und auf die »nationalen Identitäten« nachzugehen. Das scheint auch deshalb geboten, weil die Verfechter einer »postnationalen« Neuordnung wissen, daß an dieser Stelle die eigentliche Schwäche ihrer Argumentation liegt. So heißt es bei Habermas, daß alles darauf ankomme, ob »... politische Gemeinschaften eine kollektive Identität jenseits der Grenzen einer Nation ausbilden«[15] könnten; sollte das mißlingen, werde »... das Gemeinwesen in Subkulturen zerfallen, die sich gegenseitig abschotten«[16].

Was hier erstaunt, ist nicht nur die Risikobereitschaft, bei der Umsetzung des Entwurfs »postnationale Demokratie« einen vollständigen Kollaps der bestehenden politischen Systeme zu riskieren, der Mangel an Theoriefolgenabschätzung, wenn man so will, mehr verblüfft noch, daß sich Habermas durchaus darüber im klaren ist, wie mächtig das Bedürfnis nach Identität wirkt und wie gering eigentlich die Chancen sein dürften, es von der »Magie des Mein« zu lösen. Diese Formulierung stammt von dem anglo-amerikanischen Philosophen Alasdair MacIntyre, der zu den führenden Köpfen der kommunitaristischen Bewegung gehört. MacIntyre glaubt, daß sich die modernen Gesellschaften in einem ungeheuren Zersetzungsprozeß befinden, weil sie versuchen, ihre Herkunft auszulöschen, um endlich die Verwirklichung des Traums von der völligen Ungebundenheit des einzelnen, Massenwohlstand und Aufhören von Leid und Schuld in Angriff nehmen zu können.

Anders als diejenigen, die ein Zeitalter neuer Imperien erwarten, gehört MacIntyre eher zu den Propheten der »kommenden Anarchie«. Deren Grundannahme lautet, daß das Zeitalter des Staates, das in Europa nach dem Ende des Dreißigjährigen Krieges begann und sich bis in die Mitte des 20. Jahrhunderts erstreckte, beendet sei. Postmoderne Politik führe nicht nur zur Infragestellung der vom Staat angestrebten Allmacht, sondern zu einer Situation, in der übernationale Einheiten, etwa Unternehmen, bisherige Kompetenzen des Staates an sich ziehen, während umgekehrt die Staaten aufgrund von Geldmangel früher beanspruchte Felder – etwa die soziale Sicherung oder den Schutz ihrer Bürger – aufgeben und so den schon skizzierten Prozeß des Loyalitätsverlustes forcieren.[17]

MacIntyre glaubt, daß diese Entwicklung zwangsläufig mit einem Desaster enden muß, weil wesentliche Bedingungen der *conditio humana* übersehen werden. Zu ihnen gehört das Verlangen nach Identität. Identität kann sich aber nur ausbilden, wenn das Bedürfnis nach Eindeutigkeit als legitim betrachtet wird. Die Nation hat diesem Bedürfnis in hohem Maße Rechnung getragen. Nationen beruhen immer auf einer Menge undiskutierter, weil durch die Geschichte selbstverständlich gemachter, Vorstellungen und Verhaltensweisen. Sie setzen die Anerkennung des »Imperativs der Homogenität«[18] voraus. Gemeint ist damit keine Homogenität in einem rassischen, nicht einmal in einem »völkischen«, aber eine in einem kulturellen Sinn, der über die Beherrschung einer Sprache deutlich hinausgeht. Wenn dieses Moment der größeren Nähe beseitigt wird, entsteht nicht alternativ eine Menge von Individuen, die sich vernünftig verträgt und Entscheidungen nach dem Mehrheitsprinzip fällt, dann tritt an die Stelle des *demos*, des politischen Volkes, der *ochlos*, der »Haufen«, in dem jeder – wie Habermas an anderer Stelle beifällig bemerkt hat – weiß, was für ihn »... an *cash*, an Gebrauchswerten, aus dem politischen Prozeß herausspringt«[19]. Politische Ordnungen bedürfen aber zu ihrer Existenz eines Überschusses an integrativer Kraft, sie allein von ihrem Zweck her zu bestimmen, heißt ihren Lebensnerv treffen: Dem Bürger muß die Legitimität des Staates auch glaubwürdig erscheinen, und der Anknüpfungspunkt für diesen Glauben ist bis dahin die Nation. Sie stiftet den politischen Identitätsbezug des einzelnen.

Die Nation vermag das, weil sie – wie Chevènement richtig feststellt – eben keine »Abstraktion« ist, sondern etwas Konkretes, das, was mit »unpersönlichem Stolz«[20] erfüllt. Es ist dieses Gefühlsmoment immer wieder durch den Begriff des »Mythos« verdeutlicht worden. Mythos hier nicht verstanden als etwas genuin Religiöses, sondern als Metapher für die bildhafte, aufs äußerste verdichtete Vorstellung von dem, was die Nation ausmacht, mitsamt den Gestalten, Ereignissen, Landschaften, Farben, Empfindungen, Tönen, die sich an diese Vorstellung knüpfen. Dieser »Mythos« bestimmt in Erzählungen das Bild der Vergangenheit, die Phasen der Blüte und des

Unglücks, wie das Bild der Zukunft, in der die Nation ihre Ziele erreichen soll. Noch jede Nation hat ihre Identität so ausgespannt gefunden zwischen dem »Mythos des Woher« und dem »Mythos des Wohin«[21]. Das hat ihre bindende Kraft erhöht und den Wunsch geweckt, der Nation einen Staat zu verschaffen oder die Macht dieses Staates zu erhöhen. Die Frage, ob die enge Verbindung von Macht und Nationalstaat in Zukunft fortbestehen wird, ist schwer zu beantworten. Aber die Aufgabe, die Einheit zu bilden, die die politische Identität stiftet, bleibt davon unberührt.

Der große Historiker Leopold von Ranke hat das Entscheidende so formuliert: »Nicht dort ist unser Vaterland, wo es uns endlich einmal wohlergeht. Unser Vaterland ist vielmehr mit uns, in uns. Deutschland lebt in uns; wir stellen es dar, mögen wir wollen oder nicht, in jedem Lande, dahin wir uns verfügen, unter jeder Zone. Wir beruhen darauf von Anfang an und können uns nicht emanzipieren. Dieses geheime Etwas, das den Geringsten erfüllt wie den Vornehmsten – diese geistige Luft, die wir aus- und einatmen –, geht aller Verfassung vorher, belebt und erfüllt alle Formen.«[22]

Anmerkungen

Vorwort

1 Hans-Joachim Arndt: *Die Besiegten von 1945. Versuch einer Politologie für Deutsche samt Würdigung der Politikwissenschaft in der Bundesrepublik Deutschland*, Berlin 1978.

2 Friedrich Nietzsche: *Jenseits von Gut und Böse [1886], KSA*, Bd 5, S. 184.

3 Alfred Kirchhoff: *Was ist national?* Vortrag, gehalten in der Sitzung des Thüringisch-Sächsischen Vereins für Erdkunde zu Halle a.S. am 26. Februar 1902, Halle a. Saale 1902, S. 1.

Versuch einer vorläufigen Klärung

1 Theodore Roosevelt: Der wahre Amerikanismus [1894], in: Paul Raché (Hrsg.): *Amerikanismus. Schriften und Reden von Theodore Roosevelt*, Leipzig ^{3}1929, S. 15 – 28, hier 17.

2 Vgl. George L. Mosse: *Die Nationalisierung der Massen. Von den Befreiungskriegen bis zum Dritten Reich*, Frankfurt a.M., Berlin und Wien 1976.

3 Max Weber: *Wirtschaft und Gesellschaft* [1920/22], 1. Halbband, Tübingen 1964, S. 316.

4 Heinz O. Ziegler: *Die moderne Nation. Ein Beitrag zur politischen Soziologie*, Tübingen 1931, S. 50.

5 Robert Ardrey: *Adam und sein Revier. Der Mensch im Zwang seines Territoriums* [1966], München 1972, S. 229.

6 Vgl. Heinz Gollwitzer: *Geschichte des weltpolitischen Denkens, Bd II: Zeitalter des Imperialismus und der Weltkriege*, Göttingen 1982, S. 36. Der Begriff »Austauschmenschheit« stammt von Friedrich Naumann.

7 Walther Rathenau: Zur Kritik der Zeit [1912], *Gesammelte Schriften*, Bd 1, Berlin 1925, S. 7 – 148, hier 14.

8 Karl Jaspers: *Freiheit und Wiedervereinigung. Über Aufgaben deutscher Politik*, München 1960, S. 53.

9 Peter Glotz: *Der Irrweg des Nationalstaats. Europäische Reden an ein deutsches Publikum*, Stuttgart 1990, S. 57, 109, 114.

10 Hans Magnus Enzensberger: *Deutschland, Deutschland unter anderm*, Frankfurt a.M. 1967, S. 8.

11 Karl Dietrich Bracher: Das Modewort Identität und die deutsche Frage. Exkurs über jüngere und jüngste Kontroversen, in: *Frankfurter Allgemeine Zeitung* vom 15. Februar 1982.

12 Joachim Ritter: Die große Stadt [1960], in: ders.: *Metaphysik und Politik. Studien zu Aristoteles und Hegel*, Frankfurt a.M. 1977, S. 340 – 354, hier 353.

13 Francis Fukuyama: Das Ende der Geschichte?, in: *Europäische Rundschau* 17 (1989) 4, S. 3 – 25, hier 20. Die amerikanische Originalfassung erschien im Sommer 1989 in der Zeitschrift National Interest.

14 Vgl. dazu Jens Hacker: *Deutsche Irrtümer. Schönfärber und Helfershelfer der SED-Diktatur im Westen*, Berlin und Frankfurt a.M. 1992, S. 329f. Dort Hinweise auf das Auschwitz-Argument bei Autoren wie Günter Grass, Jürgen Habermas oder Walter Jens.

15 Czesław Miłosz: Über Nationalismus, in: Michael Jeismann und Henning Ritter (Hrsg.): *Grenzfälle. Über neuen und alten Nationalismus*, Leipzig 1993, S. 118 – 132, hier 118. Der Aufsatz erschien ursprünglich 1992 in der linken britischen Zeitschrift *Partisan Review*.

16 Henning Eichberg: Balkanisierung für jedermann? Nation, Identität und Entfremdung in der Industriegesellschaft, in: *Befreiung* Nr. 19 / 20, S. 46 – 69.

17 Ernst Nolte: Die unvollständige Revolution. Die Rehabilitierung des Bürgertums und der defensive Nationalismus, in: Jeismann/Ritter, *Grenzfälle*, S. 91 – 100. Der Aufsatz er-

schien ursprünglich 1991 in der *Frankfurter Allgemeinen Zeitung.*

18 Serge Maiwald: Der globale Ausnahmezustand, in: *Zeitschrift für Geopolitik* 22 (1951), S. 725–733.

19 Rüdiger Bubner: Die Nation – das partikularisierte Allgemeine, in: ders.: *Zwischenrufe. Aus den bewegten Jahren*, Frankfurt a.M. 1993, S. 26–37, hier 31.

20 Bubner, *Nation*, hier S. 32.

21 Vgl. Art. »Volk, Nation, Nationalismus, Masse«, in: *Geschichtliche Grundbegriffe*, Bd 7, S. 141–431, hier 215.

22 Vgl. Art. »Volk«, hier 237.

23 Hans Kohn: *Die Idee des Nationalismus. Ursprung und Geschichte bis zur Französischen Revolution*, Frankfurt a.M. 1962, S. 124.

24 Zit. nach Friedrich Hertz: Wesen und Werden der Nation, in: *Nation und Nationalität, Jahrbuch für Soziologie*, Ergänzungsband 1, Karlsruhe 1927, S. 1–88, hier 10.

25 Zit. nach Hertz, *Wesen*, S. 10.

26 Vgl. Ardrey, Adam, bes. S. 188–223. S. 190: »Die biologische Nation, wie ich sie in der vorliegenden Untersuchung verstehe, ist eine soziale Gruppe, die mindestens zwei erwachsene Männchen umfaßt, ein zusammenhängendes Gebiet als exklusiven Besitz innehat, durch extravertierten Antagonismus von den übrigen Artgenossen isoliert ist und durch gemeinsame Verteidigung ihres sozialen Territoriums eine Führung, ein Zusammenwirken und die Fähigkeit zu koordiniertem Handeln erreicht. Es ist nicht so wichtig, ob eine Nation 25 Individuen umfaßt oder 250 Millionen. Es ist nicht so wichtig, ob wir den eigentlichen Lemuren, den Brüllaffen, den Ani, eine Bande von Buschmännern, den griechischen Stadtstaat oder die Vereinigten Staaten betrachten.«

27 Vgl. z.B. Irenäus Eibl-Eibesfeldt: *Liebe und Haß. Zur Naturgeschichte elementarer Verhaltensweisen*, München [10]1982, bes. S. 187–190, s.a. S. 237.

28 Eduard Meyer: *Weltgeschichte und Weltkrieg*, Stuttgart und Berlin 1916, S. 7.

29 Vgl. Karl W. Deutsch: Nation und Welt, in: Heinrich August Winkler (Hrsg.): *Nationalismus, Neue Wissenschaftliche Bibliothek*, Bd 100, Königstein i. Ts 1978, S. 49 – 66.

30 Benedict Anderson: *Die Erfindung der Nation. Zur Karriere eines folgenreichen Konzeptes*, Frankfurt a. M. 1988.

31 Eric J. Hobsbawm: Bemerkungen zu Tom Nairns »Modern Janus«, in: Tom Nairn/Eric Hobsbawm/Régis Debray/Michael Löwy: *Nationalismus und Marxismus. Anstoß zu einer notwendigen Debatte*, Berlin 1978, S. 45 – 77, hier 46.

32 Grundlegend ist Eric Hobsbawm und Terence Ranger (Hrsg.): *The invention of tradition*, Cambridge [2]1994. S. a. Eric J. Hobsbawm: *Nationen und Nationalismus. Mythos und Realität seit 1780*, Frankfurt a. M. und New York 1991.

33 Vgl. z. B. Raymond Crew: The Construction of National Identity, in: Peter Boerner (Hrsg.): *Concepts of National Identity – an interdisciplinary Dialogue*, Baden-Baden 1986, S. 31 – 44.

34 Vgl. Walter Schlesinger: Die Entstehung der Nationen. Gedanken zu einem Forschungsprogramm, in: Helmut Beumann und Werner Schröder (Hrsg.): *Aspekte der Nationenbildung im Mittelalter, Nationes*, Bd 1, Sigmaringen 1978, S. 11 – 61, hier 11 und 13, besonders zu Anm. 4.

35 Johann Gottfried Herder: *Ideen zur Philosophie der Geschichte der Menschheit.* [1784], II. Teil, 9. Buch, *Werke*, Bd 6, S. 369.

36 Ernest Renan: Qu'est-ce qu'une nation? [1882], in: *Oeuvres Complètes*, Tome 1, Edition par Henriette Psichari, Paris 1947, S. 887 – 906, hier 905. Eigene Übersetzung.

Der französische Weg

1 Zit. nach Art. »Volk«, hier S. 224.

2 Vgl. zu dem Komplex Johan Huizinga: *Im Bann der Geschichte. Betrachtungen und Gestaltungen,* Nijmwegen 1942, S. 147, 150.

3 Zit. nach Ernst H. Kantorowicz: Pro patria mori im politischen Denken des Mittelalters [1950], in: ders.: *Götter in Uniform. Studien zur Entwicklung des abendländischen Königtums,* hrsg. von Eckhart Grünewald und Ulrich Raulff, Stuttgart 1998, S. 290 – 314, hier 304.

4 Zit. nach Friedrich Sieburg: *Gott in Frankreich?,* Frankfurt a. M. 1929, S. 36.

5 Vgl. zu dem ganzen Zusammenhang Gerd Krumeich: *Jeanne d'Arc in der Geschichte. Historiographie – Politik – Kultur,* Sigmaringen 1989.

6 Zit. nach Percy Ernst Schramm: *Der König von Frankreich. Das Wesen der Monarchie vom 9. zum 16. Jahrhundert. Ein Kapitel aus der Geschichte des abendländischen Staates,* Bd I, Darmstadt 21960, S. 137. Dort auch der ganze Kontext der Karls-Verehrung.

7 Vgl. Joachim Ehlers: Elemente mittelalterlicher Nationsbildung in Frankeich (10. – 13. Jahrhundert), in: *Historische Zeitschrift* 231 (1980), S. 565 – 587, hier 581.

8 Zit. nach Kantorowicz, *patria,* hier S. 298.

9 Helmut Kämpf: *Pierre Dubois und die geistigen Grundlagen des französischen Nationalbewußtseins um 1300,* Leipzig 1935, S. 76.

10 Otto Maull: *Politische Geographie,* Berlin 1956, S. 447.

11 Zit. nach Eva Hoffmann-Linke: *Zwischen Nationalismus und Demokratie. Gestalten der französischen Vorrevolution, Beihefte zur Historischen Zeitschrift,* 9, München und Leipzig 1927, S. 26.

12 Zit. nach Johannes Haller: *Tausend Jahre deutsch-französischer Beziehungen,* Stuttgart und Berlin 1930, S. 18.

13 Zit. nach Haller, *Beziehungen*, S. 34.

14 Zit. nach Hertz, *Wesen*, S. 13, 16, zu Anm. 23.

15 Vgl. Hoffmann-Linke, S. 26.

16 Vgl. Hoffmann-Linke, S. 32.

17 Alexis de Tocqueville: *Der alte Staat und die Revolution* [1856], München 1978, S. 104.

18 Eugen Lemberg: *Geschichte des Nationalismus in Europa*, Stuttgart 1950, S. 127.

19 Jules Michelet: *Geschichte der französischen Revolution*, Bd 1, München 1914, S. 458ff.

20 Zit. nach Hoffmann-Linke, S. 130.

21 Jean-Jacques Rousseau: Vom Vaterland, in: ders.: *Politische Schriften*, Bd 1, übersetzt und eingeführt von Ludwig Schmidt, Paderborn 1977, S. 261 – 264, hier 263.

22 Zit. nach Walter Grab: *Die Französische Revolution. Eine Dokumentation*, München 1973, S. 37.

23 Zit. nach Grab, *Revolution*, S. 152, 154.

24 Zit. nach Saint-Just: *Oeuvres Complètes*, hrsg. von Charles Vellay, Bd 2, Paris 1908, S. 148. Vgl. Bernard Vinot: *Saint-Just*, Stuttgart 1989, S. 207. Ausführlicher Heinrich von Sybel: *Geschichte der Revolutionszeit von 1789 bis 1795*, Bd 3, Düsseldorf 1860, S. 204.

25 Vgl. Sybel, *Revolutionszeit*, S. 178f.

26 Vgl. zu dem ganzen Zusammenhang J.[akob] L. Talmon: *Die Ursprünge der totalitären Demokratie*, Köln und Opladen 1961, S. 99f., 102.

27 Crane Brinton: *The Jacobins. An essay in the new history*, New York 1930, S. 222.

28 Zit. nach Denis Richet: Art. »Natürliche Grenzen«, in: Furet/Ozouf (Hrsg.): *Wörterbuch*, S. 1239 – 1252, hier 1245.

29 Zit. nach Ilja Mieck: Deutschlands Westgrenze, in: Alexander Demandt (Hrsg.): *Deutschlands Grenzen in der Geschichte*, München 1990, S. 191 – 234, hier 213.

30 Vgl. Jean de Viguerie: *Les Deux Patries. Essai Historique sur l'Idée de Patrie en France*, Paris 1998, S. 96f.

31 Vgl. Viguerie, *Patries*, S. 118.

32 Vgl. Hermann Oncken: *Die Rheinpolitik Kaiser Napoleons III. von 1863 bis 1870 und der Ursprung des Krieges von 1870/71*, Bd 1, Berlin und Leipzig 1926, S. 10.

33 Zit. nach Viguerie, *Patries*, S. 129.

34 Emmanuel Sieyès: *Was ist der dritte Stand?*, *Klassiker der Politik*, Bd 9, Berlin 1924, S. 42f.

35 Vgl. Elisabeth Fehrenbach: Nation, in: *Handbuch politisch-sozialer Grundbegriffe in Frankreich 1680 – 1820*, H. 7, München 1986, S. 75 – 107, hier 97.

36 Vgl. zu dem ganzen Zusammenhang Erwin Hölzle: *Die Idee einer altgermanischen Freiheit vor Montesquieu*, *Beihefte zur Historischen Zeitschrift*, 5, München und Berlin 1925, S. 60f., 75.

37 Eine gewisse Parallele zu dieser Argumentationsweise gab es in England. Dort verband sich der Streit zwischen Parlament und Krone am Anfang des 17. Jahrhunderts mit der Frage, auf welche Institution eigentlich die Vertretung der Stände zurückzuführen sei: auf das angelsächsische *witenagemôt* oder auf die normannische Versammlung der Barone. Verschärft wurde die Auseinandersetzung noch durch den Versuch des Königs, seinen Herrschaftsanspruch mit Grundsetzen des römischen Rechts zu begründen, während das Parlament auf dem Vorrang des – germanischen – *common law* beharrte. Unter Berufung auf ihr angelsächsisches »Geburtsrecht« bekämpften die Verteidiger des Parlaments den »fremden«, weil mit den Normannen ins Land gekommenen, Anspruch der Könige auf absolute Macht. Dabei verwob sich nur allmählich der Rekurs auf das »Sachsenrecht« mit der Vorstellung von einem »natürlichen Recht« auf Freiheit und Repräsentanz. Die Vorstellung von einem rassischen Antagonismus innerhalb der Nation blieb in England bis ins 19. Jahrhundert lebendig. Das *argumentum antinormannicum* spielte noch eine Rolle beim Kampf von Whigs und Tories um die Stellung des Unter-

hauses gegenüber Lords und Krone. Populäre Gestalt nahm es an in den historischen Erzählungen Walter Scotts, aber auch in dem politischen Roman *Conningsby* des späteren Premierministers Benjamin Disraeli.

38 Vgl. etwa Charles de Montesquieu: *Vom Geist der Gesetze* [1748], XIV, 14; in der von Ernst Forsthoff besorgten Ausgabe, Tübingen ²1992, Bd 1, S. 326.

39 Erich Voegelin: *Rasse und Staat,* Tübingen 1933, S. 11.

40 Vgl. zu dem ganzen Zusammenhang Marc Seliger: Race-Thinking during the Restauration, in: *Journal of the History of Ideas* 19 (1958), S. 273 – 282 und Michel Lémonon: L'idée de race et les écrivains français de la première moitié du XIXe siècle, in: *Die neueren Sprachen NF* 19 (1970) 6, S. 283 – 292.

41 Vgl. Michael Dietler: »Our Ancestors the Gauls«: Archaeology, Ethnic Nationalism, and the Manipulation of Celtic Identity in Modern Europe, in: *American Anthropologist* 96 (1994) 3, S. 584 – 605, hier 588.

42 Vgl. Michel Lémonon: La diffusion en Allemagne des idées de Gobineau sur les races, in: Michel Crouzet (Hrsg.): *Arthur de Gobineau cent ans après 1882 – 1982,* Paris 1990, S. 11 – 21, bes. S. 11f.

43 Ernest Renan: *La Réforme intellectuelle et morale* [1871], Brüssel 1990, S. 47.

44 Renan, *Réforme,* S. 24f.

45 So in einem Brief an den Justizminister vom 12. Juni 1945; zit. bei Henri de la Haye Jousselin: *L'Idée nordique en France. Essai d'Anthologie et de Bibliographie,* Paris 1993, S. 42.

46 Waldemar Gurian: *Der integrale Nationalismus in Frankreich,* Frankfurt a. M. 1931, S. 83.

47 Maurice Barrès: L'idéal et les premières étapes, in: *La Cocarde* vom 18. September 1894; hier zit. nach Zeev Sternhell: *Maurice Barrès et le Nationalisme Français,* Brüssel ²1985, S. 200.

48 Zit. nach Sternhell, *Barrès,* S. 225, zu Anm. 3.

49 Maurice Barrès: *Scenes et Doctrines du Nationalisme* [1902], Paris 1987, S. 12f.

50 Zit. nach Zeev Sternhell: *Ni droite, ni gauche. L'idéologie fasciste en France*, Brüssel [2]1985, S. 95.

51 Zit. nach Viguerie, *Patries*, S. 137.

52 Die Formel vom »guerre du droit«, bei dem die *idée française* und die *idée prussienne* einander gegenüberstanden, war übrigens schon 1870 ins Feld geführt worden, vgl. Viguerie, *Patries*, S. 131.

53 Zit. nach Jacques Droz: Der Nationalismus der Linken und der Nationalismus der Rechten in Frankreich (1871 – 1914), in: *Historische Zeitschrift* 210 (1970), S. 1 – 13, hier 5.

54 Vgl. Jakob Vogel: *Nationen im Gleichschritt. Der Kult der »Nation in Waffen« in Deutschland und Frankreich, 1871 – 1914, Kritische Studien zur Geschichtswissenschaft*, Bd 118, bes. S. 92 – 128.

55 Zit. nach Viguerie, *Patries*, S. 139.

56 Edouard Driault: *L'unité française*, Paris 1914, S. 238.

57 Vgl. Paul Seippel: *Les Deux Frances et leurs Origines historiques*, Lausanne und Paris 1905, S. XII.

58 Allerdings rief auch für die *Résistance* der kommunistische Dichter Louis Aragon den »cymbrischen Traum von Freiheit und Selbstbestimmung« an. Vgl. Marieluise Christadler: Zur nationalpädagogischen Funktion kollektiver Mythen in Frankreich, in: Jürgen Link und Wulf Wülfing (Hrsg.): *Nationale Mythen und Symbole in der zweiten Hälfte des 19. Jahrhunderts. Strukturen und Funktionen von Konzepten nationaler Identität*, Stuttgart 1991, S. 199 – 211, hier 202f.

59 Zit. nach Hans O. Staub: *Charles de Gaulle. Träumer oder Realist?*, Luzern und Frankfurt a.M. 1966, S. 8.

60 Zit. nach Staub, *de Gaulle*, S. 198.

61 Zit. nach Staub, *de Gaulle*, S. 169.

62 Als Beispiel für diese neue Mythologie vgl. Edgar Morin: Les couleurs de la France, in: *Le Nouvel Observateur*, Nr. 1660 vom 29. August/4. September 1996, S. 35 – 37, bes. S. 37.

63 Zit. nach Dietler, *Ancestors*, hier S. 584.

64 Ignacio Ramonet: Un monde á reconstruire. Nouvel ordre, rébellions, nationalismes, in: *Le Monde diplomatique* vom Mai 1992, S. 13.

65 Régis Debray: *Die Weltmächte gegen Europa. Plädoyer für ein neues europäisches Selbstbewußtsein*, Reinbek bei Hamburg 1986, S. 87, zur positiven Wertung des Jakobinismus vgl. S. 147. Daß D. seine Auffassung nicht korrigiert hat, ist zu erkennen an ders.: Bloß keine Leidenschaft, in *Die Zeit* vom 15. Februar 2001.

66 Renan, *Nation*, hier S. 891f.

67 Zit. nach Klaus Hillingmeier: *Untersuchung zur Genese des englischen Nationalbewußtseins im Mittelalter. Von 1066 bis 1453*, Berlin 1996, S. 229.

68 Robert Michels: Prolegomena zur Analyse des nationalen Elitegedankens, in: *Jahrbuch für Soziologie* 3 (1927), S. 184 – 199, hier 196.

69 Zit. nach Otto Vossler: *Die amerikanischen Revolutionsideale in ihrem Verhältnis zu den europäischen. Untersucht an Thomas Jefferson, Beiheft zur Historischen Zeitschrift*, H. 17, München und Berlin 1929, S. 139.

70 Vgl. Henry Pratt Fairchild: *The Melting-Pot Mistake*, Boston 1926, S. 155: »There is no give and take in assimililation.«

71 Max Lenz: *Die großen Mächte. Ein Rückblick auf unser Jahrhundert*, Berlin 1900, S. 41.

Der deutsche Weg

1 Hagen Schulze: *Gibt es überhaupt eine deutsche Geschichte?*, Berlin 1989, S. 50.

2 Schulze, *Geschichte*, S. 66.

3 Schulze, *Geschichte*, S. 68.

4 Hans-Ulrich Wehler: Deutschland? Aber wo liegt es? [Rezension von Horst Möller: *Fürstenstaat oder Bürgernation. Deutschland 1763–1815*, Berlin 1989], in: *Die Zeit* vom 13. Oktober 1989.

5 Hagen Schulze: *Kleine deutsche Geschichte*, München 1996, S. 9.

6 Vgl. zu dem Zusammenhang Heinz Thomas: Der Ursprung des Wortes theodiscus, in: *Historische Zeitschrift* 247 (1988), S. 295–331, bes. S. 324f.

7 Zit. nach Johannes Fried: *Der Weg in die Geschichte. Die Ursprünge Deutschlands. Bis 1024, Propyläen Geschichte Deutschlands*, Bd 1, Berlin 1994, S. 20.

8 Fried, *Weg*, S. 14f.

9 Friedrich Meinecke: *Weltbürgertum und Nationalstaat* [1907], *Werke*, Bd 5, München 1962, S. 13f.

10 Joh.[ann] Gottlieb Fichte: *Reden an die Deutsche Nation* [1808], *Philosophische Bibliothek*, Bd 204, Hamburg 1978, S. 106.

11 Fichte, *Reden*, S. 233.

12 Fichte, *Reden*, S. 105: »Aber ist sie denn wirklich veraltet, und entkräftet? Hat ihr nicht auch seitdem immerfort, und bis auf diesen Tag, die Quelle des ursprünglichen Lebens fortgequollen, wie keiner anderen Nation?«

13 Johann Gottfried Herder: *Briefe zur Beförderung der Humanität* [1793/97], hrsg. von Heinz Stolpe, Berlin und Weimar 1971, Bd 2, S. 117.

14 Max Scheler: *Die Ursachen des Deutschenhasses. Eine nationalpädagogische Erörterung*, Leipzig 1917, S. 153.

15 Vgl. z. B. Ernst Moritz Arndt: *Geist der Zeit*, Vierter Teil [1818], *Ausgewählte Werke*, hrsg. von Heinrich Meisner und Robert Geerds, Bd 12, Leipzig o.J., S. 270: »Und weil das Vornehme und Eitle sich immer wieder erheben und den spitzen und züngelnden Schlangenkopf hervorstecken will, so sage ich, daß die größten und herrlichsten Männer aller Zeiten und Völker in Einfalt, Schlichtheit, Gutmütigkeit,

Freundlichkeit und Derbheit des Lebens und der Gestalten und Gesichter immer wie Bauern aussehen ... Ja ihr Eitlen, ihr mögt euch mit Schönheit und Adel der Gestalt und Gebärde brüsten, wieviel ihr wollt, der Bauer eures Volkes bleibt doch immer das Urbild echter Stärke und einfältiger Schönheit, der ewige Adam des Geschlechtes.«

16 Ernst Moritz Arndt: *Erinnerungen aus dem äußeren Leben* [1840], *Ausgewählte Werke*, hrsg. von Heinrich Meisner und Robert Geerds, Bd 7, Leipzig o. J.,S. 236.

17 Ernst Moritz Arndt: *Geist der Zeit*, Erster Teil [1806], *Ausgewählte Werke*, hrsg. von Heinrich Meisner und Robert Geerds, Bd 9, Leipzig o. J., S. 100.

18 Max Hildebert Boehm: *Das eigenständige Volk. Volkstheoretische Grundlagen der Ethnopolitik und Geisteswissenschaften*, Göttingen 1932, S. 39.

19 Tilman Mayer: *Prinzip Nation. Dimensionen der nationalen Frage am Beispiel Deutschlands*, Opladen [2]1987, S. 156f.

20 Vgl. Ilse Schwidetzky: Der Mensch als Geschichtsquelle, in: *Geschichtliche Landeskunde und Universalgeschichte. Festgabe für Hermann Aubin zum 23. Dezember 1950*, Düsseldorf 1950, S. 11 – 23, hier 22.

21 Zit. nach Wilhelm E. Mühlamnn: *Homo Creator. Abhandlungen zur Soziologie, Anthropologie und Ethnologie*, Wiesbaden 1962, S. 308

22 Mühlmann, *Homo*, S. 303.

23 Luca und Francesco Cavalli-Sforza: *Verschieden und doch gleich*, München 1996, S. 187.

24 Luigi Luca Cavalli-Sforza: Stammbäume von Völkern und Sprachen, in: *Spektrum der Wissenschaft* (1992) 1, S. 90 – 98, hier 97. Der Aufsatz enthält eine knappe Zusammenfassung der Forschungsergebnisse Cavalli-Sforzas.

25 Zit. nach Jörg Albrecht: Das genetische Schlachtfeld, in: *Die Zeit* vom 26. November 1998.

26 Wilhelm E. Mühlmann: Entstehung und Wachstum des ethnographischen Horizontes, in: ders.: *Rassen – Ethnien –*

Kulturen, Soziologische Texte, Bd 24, Neuwied und Berlin 1964, S. 15 – 74, hier 65.

27 Arndt, *Erinnerungen,* S. 232. A. geht es vor allem darum, daß Mose wie Lykurg gerechte Ackergesetze und einen relativen Ausgleich der Vermögensverhältnisse erreicht hatte, die dem Volk seine dauerhafte Grundlage verliehen.

28 Vgl. Herbert Schöffler: *Abendland und das Alte Testament. Untersuchung zur Kulturmorphologie Europas, insbesondere Englands,* Frankfurt a.M. ²1941, S. 73 – 80.

29 Vgl. Hans Kohn: *Bürger vieler Welten. Ein Leben im Zeitalter der Weltrevolution,* Frauenfeld 1965, S. 92.

30 Kohn, *Bürger,* S. 74; S. 94f. heißt es, daß in hohem Maße »Buber – und wir durch ihn – vom deutschen völkischen Denken und Stil jener Zeit beeinflußt waren«.

31 Hans Kohn: Nationalismus, in: ders.: *Nationalismus. Über die Bedeutung des Nationalismus im Judentum und in der Gegenwart,* Wien und Leipzig 1922, S. 110 – 128. Aufschlußreich das Festhalten an der prinzipiell positiven Bedeutung Fichtes, vgl. S. 116f.

32 Kohn, *Nationalismus,* S. 33.

33 Kohn, *Nationalismus,* S. 39.

34 Gerd Tellenbach: Wann ist das deutsche Reich entstanden? [1943], in: Hellmut Kämpf (Hrsg.): *Die Entstehung des deutschen Reiches. Deutschland um 900, Wege der Forschung,* Bd 1, Darmstadt 1956, S. 212.

35 Vgl. Lemberg, *Nationalismus,* Bd 1, S. 39.

36 Paul Joachimsen: *Vom deutschen Volk zum deutschen Staat. Eine Geschichte des deutschen Nationalbewußtseins.* Bearbeitet und bis in die Gegenwart fortgesetzt von Joachim Leuschner, Göttingen 31956, S. 12.

37 Vgl. Lemberg, *Nationalismus,* Bd 1, S. 59, der einerseits den Stamm als »Vorläufer der Nation« bezeichnet, dann aber schreibt: »Der Rolle, die in unserem modernen Bewußtsein die Größenordnung der Nation, des Volkes oder Staates spielt, entsprach im Gemeinschaftsdenken des Mittel-

alters der Stamm oder das, was wir heute Stamm nennen würden.«

38 Vgl. zusammenfassend Karl Ferdinand Werner: Art. »Deutschland A. Begriff; geographisch-historische Problematik; Entstehung«, in: *Lexikon des Mittelalters,* Bd 4, Sp. 781 – 789, hier Sp. 784f.

39 Zusammenfassend Reinhard Wenskus: B. Die germanische Welt am Vorabend des Hunnensturms. § 4 Alte und neue Stämme, in: Theodor Schieder (Hrsg.): *Handbuch der europäischen Geschichte,* Bd 1, Stuttgart 1976, S. 94 – 106.

40 Zit. nach Huizinga, *Bann,* S. 148.

41 Zit. nach Heinz Ludwig Arnold (Hrsg.): *Deutsche über die Deutschen. Auch ein deutsches Lesebuch,* München 1972, S. 2f.

42 Vgl. zusammenfassend Eduard Eichmann: Von der Kaisergewandung im Mittelalter, in: *Historisches Jahrbuch der Görres-Gesellschaft* 58 (1938) 3 / 4, S. 268 – 304, hier 282, 296, 302.

43 Ehlers, *deutsche Nation,* S. 46.

44 Vgl. Otto Höfler: Der Sakralcharakter des germanischen Königtums, in: ders.: *Kleine Schriften,* hrsg. von Helmut Birkhan, Hamburg 1980, S. 75 – 103, hier 92f. Zur messianischen Erwartung vgl. Ernst Kantorowicz: *Kaiser Friedrich der Zweite,* Berlin 1927, S. 630f.

45 Friedrich Ratzel: *Deutschland. Einführung in die Heimatkunde,* Berlin und Leipzig [4]1920, S. 140.

46 Vgl. Werner Conze: »Deutschland« und »deutsche Nation« als historische Begriffe, in: Otto Büsch und James Sheehan (Hrsg.): *Die Rolle der Nation in der deutschen Geschichte und Gegenwart,* Berlin 1985, S. 21 – 38, bes. S. 25f.

47 Zit. nach Paul Görlich: *Zur Frage des Nationalbewußtseins in ostdeutschen Quellen des 12. bis 14. Jahrhunderts, Wissenschaftliche Beiträge zur Geschichte und Landeskunde Ost-Mitteleuropas,* Bd 66, Marburg a. d. L. 1964, S. 170.

48 Vgl. Fritz Valjavec: *Die Entstehung der politischen Strömungen in Deutschland 1770 – 1815,* München 1951, S. 329f.

49 Vgl. Lemberg, *Nationalismus*, Bd 1, S. 107.

50 Zit. nach Karl Gottfried Hugelmann: Die deutsche Nation und der deutsche Nationalstaat im Mittelalter, in: *Historisches Jahrbuch* 70 (1931), S. 1–29 und S. 445–484, hier 474.

51 Zit. nach Huizinga, *Bann*, S. 149.

52 Zit. nach Joachim Wagner: Äußerungen deutschen Nationalgefühls am Ausgang des Mittelalters, in: *Deutsche Vierteljahresschrift für Literaturwissenschaft und Geistesgeschichte* 9 (1931), S. 389–424, hier 412.

53 Zit. nach Wagner, *Äußerungen*, hier S. 424.

54 Peter Moraw: Bestehende, fehlende und heranwachsende Voraussetzungen des deutschen Nationalbewußtseins im späten Mittelalter, in: Joachim Ehlers (Hrsg.): *Ansätze und Diskontinuität deutscher Nationsbildung im Mittelalter, Nationes*, Bd 8, Sigmaringen 1989, S. 99–120, hier 115.

55 Vgl. Frantisek Graus: Nationale Deutungsmuster der Vergangenheit in spätmittelalterlichen Chroniken, in: Otto Dann (Hrsg.): *Nationalismus in vorindustrieller Zeit*, München 1986, S. 35–54, hier 45.

56 Zit. nach Klaus von See: Vom »edlen Wilden« zum »Volk der Dichter und Denker«. Die Anfänge der Germanen-Ideologie, in: ders.: *Barbar – Germane – Arier. Die Suche nach der Identität der Deutschen*, Heidelberg 1994, S. 61–82, hier 62.

57 Paul Joachimsen: Zur Psychologie des deutschen Staatsgedankens, in: *Die Dioskuren* I, München 1922, S. 106–177, hier 116.

58 Zit. nach Arnold, *Deutsche*, S. 46.

59 Zit. nach Paul Kluckhohn (Hrsg.): *Die Idee des Volkes im Schrifttum der Deutschen Bewegung, Literarhistorische Bibliothek*, Bd 13, Berlin 1934, S. 2.

60 Zit. nach Kluckhohn, *Idee*, S. 1.

61 Heinrich von Srbik: *Deutsche Einheit, Bd 1: Idee und Wirklichkeit vom Heiligen Reich bis Königgrätz*, München 1935, S. 1.

62 Johann Wolfgang von Goethe: *Aus meinem Leben. Dichtung und Wahrheit*, in: *Werke. Hamburger Ausgabe in 14 Bänden*, Bd 9, S. 47, vgl. S. 182f.

63 Vgl. Goethe, *Leben*, S. 279.

64 Goethe, *Leben*, S. 482.

65 Zit. nach Ernst Rudolf Huber: Die friderizianische Staatsidee und das Vaterland [1942], in: ders.: *Nationalstaat und Verfassungsstaat. Studien zur Geschichte der modernen Staatsidee*, Stuttgart 1965, S. 30 – 47, hier 32.

66 Zit. nach Kluckhohn, *Idee*, S. 11.

67 Georg Wilhelm Friedrich Hegel: *Fragmente einer Kritik der Verfassung Deutschlands* [1799 – 1803], *Gesammelte Werke*, Bd. 5, S. 6, vgl. S. 161.

68 Johann Wolfgang Goethe: *Maximen und Reflexionen*, in: *Werke. Hamburger Ausgabe in 14 Bänden*, Bd 12, S. 385.

69 Theodor Körner: Aufruf, in: ders.: *Leier und Schwert*, Leipzig o.J., S. 29 – 31, hier 29.

70 Arnold Hermann/Ludwig Heeren: *Der Deutsche Bund in seinen Verhältnissen zu dem Europäischen Staatensystem*, Göttingen 1816, S. 11.

71 Zit. nach Wolfgang Venohr und Friedrich Kabermann: *Brennpunkte deutscher Geschichte 1450 – 1850*, Kronberg i.Ts 1978, S. 205.

72 G. Fried. Kolb: Art. »Natürliche Grenzen«, in: Carl von Rotteck und Carl Welcker (Hrsg.): *Staats-Lexikon oder Encyklopädie der Staatswissenschaften*, Bd 11, Altona 1841, S. 154 – 162, hier 159.

73 Ludwig August von Rochau: *Grundsätze der Realpolitik. Angewendet auf die staatlichen Zustände Deutschlands*, Teil I [1853], hrsg. von Hans-Ulrich Wehler, Frankfurt a.M., Berlin und Wien 1972, S. 55.

74 Theodor Schieder: Nationalstaat und Nationalitätenproblem, in: *Zeitschrift für Ostforschung* 1 (1952), hier 169.

75 Vgl. Edith Anita Picard: *Die deutsche Einigung im Lichte der schweizerischen Öffentlichkeit 1866 – 1871, Schweizer Studien*

zur Geschichtswissenschaft 20 (1940) 1, Zürich und Leipzig 1940, S. 328 – 355.

76 Zit. nach Theodor Schieder: Die Bismarckische Reichsgründung von 1870/71 als gesamtdeutsches Ereignis, in: ders. und Kurt von Raumer (Hrsg.): *Stufen und Wandlungen der deutschen Einheit. Festschrift für Karl Alexander von Müller zum Geburtstag*, Stuttgart und Berlin 1943, S. 342 – 401, hier 349.

77 Zit. nach Walter Wiltschegg: *Österreich – der »zweite deutsche Staat«. Der nationale Gedanke in der Ersten Republik*, Graz und Stuttgart 1992, S. 43.

78 Hans Rothfels: *Bismarck, der Osten und das Reich*, Darmstadt 1960, S. 284.

79 Zit. nach Wiltschegg, *Österreich*, S. 41.

80 Zit. nach Heinrich Schaudinn: *Das baltische Deutschtum und Bismarcks Reichsgründung, Königsberger Historische Forschungen*, Bd. 1, Leipzig 1932, S. 134.

81 So äußerte Bismarck im diplomatischen Schriftverkehr: »Wir können zu meinem Bedauern den Deutschen der Ostseeprovinzen durch jede noch so vorsichtige Verwendung zugunsten ihrer Wünsche leicht großen Schaden zufügen, ohne Aussicht, ihnen zu nützen«; zit. nach Schaudinn, *Deutschtum*, S. 136. Dort auch der Hinweis darauf, daß die altertümliche Ständeverfassung des baltischen Deutschtums mit der neuen Ordnung unvereinbar gewesen wäre.

82 Friedrich Nietzsche: David Strauss, der Bekenner und Schriftsteller [1873], *KSA*, Bd 1, S. 160.

83 Ludwig Dehio: *Gleichgewicht oder Hegemonie. Betrachtungen über ein Grundproblem der neueren Staatengeschichte*, Krefeld 1948, S. 190.

84 Andreas Hillgruber: *Die gescheiterte Großmacht. Eine Skizze des Deutschen Reiches 1871 – 1945*, Düsseldorf [4]1984, S. 40.

85 David P. Calleo: *Legende und Wirklichkeit der deutschen Gefahr*, Bonn 1980, S. 23.

86 Zit. nach Wolfgang Venohr (Hrsg.): *Dokumente deutschen Daseins 1445 – 1945. 500 Jahre deutscher Geschichte*, Frankfurt a. M., Berlin und Wien 1983, S. 251.

87 Zit. nach Marianne Weber: *Max Weber. Ein Lebensbild*, Tübingen 1926, S. 648.

88 Friedrich Ludwig Jahn: *Deutsches Volkstum* [1810], Nachdruck: Frankfurt o. J., S. 16.

89 Vgl. Otto Westphal: *Welt- und Staatsauffassung des deutschen Liberalismus. Eine Untersuchung über die Preußischen Jahrbücher und den konstitutionellen Liberalismus in Deutschland von 1858 bis 1863, Historische Bibliothek*, Bd 41, München und Berlin 1919, S. 212.

90 Nach dem Krieg von 1870/71 waren in Elsaß-Lothringen 58 419 Optionen zu Gunsten Frankreichs abgegeben worden, die sich auf 160 878 Personen bezogen, von denen allerdings nur 49 926 tatsächlich das Land verließen. Dagegen verließen zwischen dem Dezember 1918 und dem Oktober 1920 etwa 100 000 Menschen teilweise gezwungen (etwa 14 000 Beamte), teilweise ungezwungen das Land. Vgl. J. Rossé, M. Stürmel, A. Bleicher, F. Deiber, J. Keppi (Hrsg.): *Das Elsaß von 1870 – 1932, Bd 1: Politische Geschichte*, Colmar o. J., S. 73f., S. 523.

91 Thomas Mann: Deutsche Ansprache. Ein Appell an die Vernunft [1930], in: ders.: *Essays*, Bd 2, hrsg. von Hermann Kurzke, Frankfurt a. M. 1983, S. 109 – 125, hier 112f.

92 Vgl. Walter Frank: *Zur Geschichte des Nationalsozialismus*, Hamburg [4]1937, S. 10.

93 Golo Mann: *Eine Jugend in Deutschland. Erinnerungen und Gedanken*, Frankfurt a. M. [2]1986, S. 382.

94 Jürgen Falter: *Hitlers Wähler*, München 1991, S. 364.

95 Joachim C. Fest: *Hitler. Eine Biographie*, Frankfurt a. M., Berlin und Wien 1987, S. 25.

96 John Lukács: *Der letzte europäische Krieg 1939 – 1941. Die Entmachtung Europas*, München 1980, S. 14f.

97 Zit. nach Rolf Steininger: *Deutsche Geschichte 1945 – 1961*, Bd 1, Frankfurt a. M. 1983, S. 27.

98 Otto Westphal: *Weltgeschichte der Neuzeit 1750 – 1950*, Stuttgart 1953, S. 21.

99 Zit. nach Julius Epstein: »Die Leute in Washington leben auf dem Mond«. Eine Dokumentation der deutsch-amerikanischen Differenzen über Berlin, in: *Der Spiegel* vom 12. September 1962, S. 18 – 23, hier 23.

100 Zit. nach Niedersächsische Landeszentrale für politische Bildung (Hrsg.): *Die Deutsche Frage*, Hannover 1982, S. 409.

101 Zit. nach Niedersächsische Landeszentrale, *Frage*, S. 428f.

102 Dolf Sternberger: Verfassungspatriotismus, in: *Frankfurter Allgemeine Zeitung* vom 31. August 1982.

103 Bernard Willms: *Die deutsche Nation. Theorie – Lage – Zukunft*, Köln-Lövenich 1982, S. 67.

104 Vgl. z. B. Bernt Conrad: Auch die jüngere Generation wünscht ein vereintes Deutschland, in: *Die Welt* vom 30. Oktober 1987.

105 Eckhard Fuhr: Ein Kulturkampf, in: *Frankfurter Allgemeine Zeitung* vom 29. September 1993.

106 Alfred Heuß: *Versagen und Verhängnis. Vom Ruin deutscher Geschichte und ihres Verständnisses*, Berlin 1984, S. 135.

107 Alain Finkielkraut: *L'Ingratitude. Conversations sur notre temps*, Paris 1999, S. 112.

108 Zit. nach Hans Rothfels (Hrsg.): *Otto von Bismarck – Deutscher Staat. Ausgewählte Dokumente, Der deutsche Staatsgedanke*, Erste Reihe, Bd 21, München 1925, S. 207.

109 Zit. nach Karl Anton Prinz Rohan: *Volk und Staat. Betrachtungen zur österreichisch-böhmischen Geschichte, Historisch-politische Hefte der Ranke-Gesellschaft*, H. 16, Göttingen o. J., S. 3.

110 Zit. nach Ricarda Huch: *Deutsche Tradition. Ein Vortrag*, Weimar 1931, S. 8.

111 Meinecke, *Weltbürgertum*, S. 20.

112 Martin Walser: Über Deutschland reden, in: *Die Zeit* vom 18. November 1988.

113 Theodor Schieder: Typologie und Erscheinungsformen des Nationalstaats in Europa [1966], in Winkler (Hrsg.), *Nationalismus*, S. 119 – 137, hier 122.

Die Nation – ohne Alternative

1 Hermann Heller: *Staatslehre*, hrsg. von Gerhart Niemeyer, Leiden ^{3}1963, S. 148.

2 Otto Vossler: *Der Nationalgedanke von Rousseau bis Ranke*, München und Berlin 1937, S. 16.

3 Oswald Spengler: *Der Untergang des Abendlandes. Umrisse einer Morphologie der Weltgeschichte* [1923], München 1980, S. 764.

4 Wolfgang Kersting: Wider den Postnationalismus. Bemerkungen über modernen Nationalismus, Universalismus und Partikularismus, in: Jörg Calließ (Hrsg.): *Stigma und Normalität. 50 Jahre nach dem Untergang des ersten Nationalstaates auf der Suche nach der Nation, Loccumer Protokolle* 22/95, Loccum 1996, S. 171 – 198, hier 174.

5 Ferdinand Tönnies: *Gemeinschaft und Gesellschaft*, Berlin 6/71926, S. 247.

6 Herman Schmalenbach: Zur soziologischen Kategorie des Bundes, in: *Die Dioskuren* I, München 1922, S. 35 – 105. Eine kurze, relativ wohlwollende, Stellungnahme bei Tönnies, *Gemeinschaft*, S. XII.

7 Jürgen Habermas: Anerkennungskämpfe im demokratischen Rechtsstaat, in: Charles Taylor: *Multikulturalismus und die Politik der Anerkennung*, Frankfurt a. M. 21993, S. 147 – 196, hier 171.

8 Jürgen Habermas: Die postnationale Konstellation und die Zukunft der Demokratie, in: Julian Nida-Rümelin und

Wolfgang Thierse (Hrsg.): *Philosophie & Politik III, Kultur in der Diskussion,* Bd 5, Essen 1998, 13 – 34, hier 15.

9 Habermas, Konstellation, hier S. 14.

10 Daniel Cohn-Bendit und Thomas Schmid: Wenn der Westen unwiderstehlich wird, in: *Die Zeit* vom 22. November 1991.

11 Glotz, *Irrweg,* S. 35.

12 Glotz, *Irrweg,* S. 14.

13 Jean-Marie Guéhenno: *Das Ende der Demokratie* [1993], München 1996, S. 177.

14 Jean-Pierre Chevènement: In den Nationen liegt die Zukunft Europas, in: *Frankfurter Allgemeine Zeitung* vom 15. Mai 1998.

15 Habermas, Konstellation, hier S. 28. Hervorhebung im Original.

16 Habermas, Konstellation, hier S. 21.

17 Vgl. Martin van Creveld: *Aufstieg und Untergang des Staates,* München 1999, besonders S. 450 – 463.

18 Ernest Gellner: *Pflug, Schwert und Buch. Grundlinien der Menschheitsgeschichte,* Stuttgart 1990, S. 305.

19 Jürgen Habermas: DM-Nationalismus, in: *Die Zeit* vom 30. März 1990.

20 Thomas Mann: *Betrachtungen eines Unpolitischen* [1918], *Gesammelte Werke. Frankfurter Ausgabe,* Frankfurt a.M. 1983, S. 150.

21 Robert Michels: *Patriotismus. Prolegomena zu seiner soziologischen Analyse,* München und Leipzig 1929, S. 7.

22 Leopold von Ranke: Politisches Gespräch [1836], in: ders.: *Die großen Mächte – Politisches Gespräch,* hrsg. von Theodor Schieder, Göttingen 1958, S. 57f.

Bibliographie

Allgemeines

1. Art. »Volk, Nation, Nationalismus, Masse«, in: *Geschichtliche Grundbegriffe*, Bd 7, S. 141 – 431.
2. Anderson, Benedict: *Die Erfindung der Nation. Zur Karriere eines folgenreichen Konzeptes*, Frankfurt a.M. 1988.
3. Ardrey, Robert: *Adam und sein Revier. Der Mensch im Zwang seines Territoriums* [1966], München 1972.
4. Beumann, Helmut und Schröder, Werner (Hrsg.): *Aspekte der Nationenbildung im Mittelalter, Nationes*, Bd 1, Sigmaringen 1978.
5. Boerner, Peter (Hrsg.): *Concepts of National Identity – an interdisciplinary Dialogue*, Baden-Baden 1986.
6. Bubner, Rüdiger: Die Nation – das partikularisierte Allgemeine, in: ders.: *Zwischenrufe. Aus den bewegten Jahren*, Frankfurt a.M. 1993, S. 26 – 37.
7. Cavalli-Sforza, Luca und Francesco: *Verschieden und doch gleich*, München 1996.
8. Cavalli-Sforza, Luigi Luca: Stammbäume von Völkern und Sprachen, in: *Spektrum der Wissenschaft* (1992)1, S. 90 – 98.
9. Creveld, Martin van: *Aufstieg und Untergang des Staates*, München 1999.
10. Dann, Otto (Hrsg.): *Nationalismus in vorindustrieller Zeit*, München 1986.
11. Gellner, Ernest: *Pflug, Schwert und Buch. Grundlinien der Menschheitsgeschichte*, Stuttgart 1990.
12. Glotz, Peter: *Der Irrweg des Nationalstaats. Europäische Reden an ein deutsches Publikum*, Stuttgart 1990.

13. Hertz, Friedrich: Wesen und Werden der Nation, in: *Nation und Nationalität, Jahrbuch für Soziologie, Ergänzungsband 1*, Karlsruhe 1927, S. 1 – 88.
14. Hobsbawm, Eric J.: *Nationen und Nationalismus. Mythos und Realität seit 1780*, Frankfurt a. M. 1991.
15. Hübner, Kurt: *Das Nationale. Verdrängtes – Unvermeidliches – Erstrebenswertes*, Graz, Wien und Köln 1991.
16. Huizinga, Johann: *Im Bann der Geschichte. Betrachtungen und Gestaltungen*, Nijmwegen 1942.
17. Jeismann, Michael und Ritter, Henning (Hrsg.): *Grenzfälle. Über neuen und alten Nationalismus*, Leipzig 1993.
18. Kantorowicz, Ernst H.: Pro patria mori im politischen Denken des Mittelalters [1950], in: ders.: *Götter in Uniform. Studien zur Entwicklung des abendländischen Königtums*, hrsg. von Eckhart Grünewald und Ulrich Raulff, Stuttgart 1998, S. 290 – 314.
19. Kohn, Hans: *Die Idee des Nationalismus. Ursprung und Geschichte bis zur Französischen Revolution*, Frankfurt a. M. 1962.
20. Lemberg, Eugen: *Geschichte des Nationalismus in Europa*, Stuttgart 1950.
21. ders.: *Nationalismus*, 2 Bde, *rowohlts deutsche enzyklopädie*, Bd 197/198 und 199, Reinbek bei Hamburg 1964.
22. Link, Jürgen und Wülfing, Wulf (Hrsg.): *Nationale Mythen und Symbole in der zweiten Hälfte des 19. Jahrhunderts. Strukturen und Funktionen von Konzepten nationaler Idenität*, Stuttgart 1991.
23. Michels, Robert: *Patriotismus. Prolegomena zu seiner soziologischen Analyse*, München und Leipzig 1929.
24. Mosse, George L.: *Die Nationalisierung der Massen. Von den Befreiungskriegen bis zum Dritten Reich*, Frankfurt a. M., Berlin und Wien 1976.
25. Mühlmann, Wilhelm E.: *Homo Creator. Abhandlungen zur Soziologie, Anthropologie und Ethnologie*, Wiesbaden 1962.

26. ders.: *Rassen – Ethnien – Kulturen, Soziologische Texte,* Bd 24, Neuwied und Berlin 1964.
27. Schmalenbach, Herman: Zur soziologischen Kategorie des Bundes, in: *Die Dioskuren* 1, München 1922, S. 35 – 105.
28. Tönnies, Ferdinand: *Gemeinschaft und Gesellschaft,* Berlin [6/7]1926.
29. Vossler, Otto: *Der Nationalgedanke von Rousseau bis Ranke,* München und Berlin 1937.
30. Weißmann, Karlheinz: Wiederkehr eines Totgesagten. Der Nationalstaat am Ende des 20. Jahrhunderts, in: *Aus Politik und Zeitgeschichte. Beilage zur Zeitschrift Das Parlament* B 14 / 93 vom 2. April 1993.
31. ders.: Gedanken über den Nationalstaat am Ende des 20. Jahrhunderts, in: *Burschenschaftliche Blätter* 114 (1999) 4, S. 118 – 122.
32. Winkler, Heinrich August (Hrsg.): *Nationalismus, Neue Wissenschaftliche Bibliothek,* Bd 100, Königstein i. Ts. 1978.
33. Wittram, Reinhard: *Das Nationale als europäisches Problem,* Göttingen 1954.
34. Ziegler, Heinz O.: *Die moderne Nation. Ein Beitrag zur politischen Soziologie,* Tübingen 1931.

Der französische Weg

1. Brinton, Crane: *The Jacobins. An essay in the new history,* New York 1930.
2. Dietler, Michael: »Our Ancestors the Gauls«: Archaeology, Ethnic Nationalism, and the Manipulation of Celtic Identity in Modern Europe, in: *American Anthropologist* 96 (1994) 3, S. 584 – 605.
3. Droz, Jacques: Der Nationalismus der Linken und der Nationalismus der Rechten in Frankreich (1871 – 1914), in: *Historische Zeitschrift* 210 (1970), S. 1 – 13.

4. Ehlers, Joachim: Elemente mittelalterlicher Nationsbildung in Frankeich (10. – 13. Jahrhundert), in: *Historische Zeitschrift* 231 (1980), S. 565 – 587.
5. Fehrenbach, Elisabeth: Nation, in: *Handbuch politisch-sozialer Grundbegriffe in Frankreich 1680 – 1820*, H. 7, München 1986.
6. Gurian, Waldemar: *Der integrale Nationalismus in Frankreich*, Frankfurt a. M. 1931.
7. Haller, Johannes: *Tausend Jahre deutsch-französischer Beziehungen*, Stuttgart und Berlin 1930.
8. Hölzle, Erwin: *Die Idee einer altgermanischen Freiheit vor Montesquieu, Beihefte zur Historischen Zeitschrift*, 5, München und Berlin 1925.
9. Hoffmann-Linke, Eva: *Zwischen Nationalismus und Demokratie. Gestalten der französischen Vorrevolution, Beihefte zur Historischen Zeitschrift*, 9, München und Leipzig 1927.
10. Kämpf, Helmut: *Pierre Dubois und die geistigen Grundlagen des französischen Nationalbewußtseins um 1300*, Leipzig 1935.
11. Krumeich, Gerd: *Jeanne d'Arc in der Geschichte. Historiographie – Politik – Kultur*, Sigmaringen 1989.
12. Renan, Ernest: *La Réforme intellectuelle et morale* [1871], Brüssel 1990.
13. Schramm, Percy Ernst: *Der König von Frankreich. Das Wesen der Monarchie vom 9. zum 16. Jahrhundert. Ein Kapitel aus der Geschichte des abendländischen Staates*, 2 Bde, Darmstadt ²1960.
14. Sieburg, Friedrich: *Gott in Frankreich?*, Frankfurt a. M. 1929.
15. Sternhell, Zeev: *Maurice Barrès et le Nationalisme Français*, Brüssel ²1985.
16. Talmon, J.[akob] L.: *Die Ursprünge der totalitären Demokratie*, Köln und Opladen 1961.
17. Viguerie, Jean: *Les Deux Patries. Essai Historique sur l'Idée de Patrie en France*, Paris 1998.
18. Vogel, Jakob: *Nationen im Gleichschritt. Der Kult der »Nation in Waffen« in Deutschland und Frankreich, 1871 – 1914, Kritische Studien zur Geschichtswissenschaft*, Bd 118.

Der deutsche Weg

1. Arnold, Heinz Ludwig (Hrsg.): *Deutsche über die Deutschen. Auch ein deutsches Lesebuch,* München 1972.
2. Boehm, Max Hildebert Boehm: *Das eigenständige Volk. Volkstheoretische Grundlagen der Ethnopolitik und Geisteswissenschaften,* Göttingen 1932.
3. Calleo, David P.: *Legende und Wirklichkeit der deutschen Gefahr,* Bonn 1980.
4. Calließ, Jörg (Hrsg.): *Stigma und Normalität. 50 Jahre nach dem Untergang des ersten Nationalstaates auf der Suche nach der Nation, Loccumer Protokolle 22/95,* Loccum 1996.
5. Conze, Werner: *Die deutsche Nation. Ergebnis der Geschichte, Die deutsche Frage in der Welt,* Bd 1, Göttingen 1963.
6. ders.: »Deutschland« und »deutsche Nation« als historische Begriffe, in: Otto Büsch und James Sheehan (Hrsg.): *Die Rolle der Nation in der deutschen Geschichte und Gegenwart,* Berlin 1985, S. 21 – 38.
7. Ehlers, Joachim (Hrsg.): *Ansätze und Diskontinuität deutscher Nationsbildung im Mittelalter, Nationes,* Bd 8, Sigmaringen 1989.
8. Fichte, Joh.[ann] Gottlieb: *Reden an die Deutsche Nation* [1808], *Philosophische Bibliothek,* Bd 204, Hamburg 1978.
9. Görlich, Paul: *Zur Frage des Nationalbewußtseins in ostdeutschen Quellen des 12. bis 14. Jahrhunderts, Wissenschaftliche Beiträge zur Geschichte und Landeskunde Ost-Mitteleuropas,* Bd 66, Marburg a. d. L. 1964.
10. Hillgruber, Andreas: *Die gescheiterte Großmacht. Eine Skizze des Deutschen Reiches 1871 – 1945,* Düsseldorf 1984.
11. Huber, Ernst Rudolf: *Nationalstaat und Verfassungsstaat. Studien zur Geschichte der modernen Staatsidee,* Stuttgart 1965.
12. Hugelmann, Karl Gottfried: Die deutsche Nation und der deutsche Nationalstaat im Mittelalter, in: *Historisches Jahrbuch* 70 (1931), S. 1 – 29 und S. 445 – 484.

13. Joachimsen, Paul: Zur Psychologie des deutschen Staatsgedankens, in: *Die Dioskuren* I, München 1922, S. 106 – 177.
14. ders.: *Vom deutschen Volk zum deutschen Staat. Eine Geschichte des deutschen Nationalbewußtseins.* Bearbeitet und bis in die Gegenwart fortgesetzt von Joachim Leuschner, Göttingen 1956.
15. Kämpf, Hellmut (Hrsg.): *Die Entstehung des deutschen Reiches. Deutschland um 900, Wege der Forschung,* Bd 1, Darmstadt 1956.
16. Kaltenbrunner, Gerd-Klaus: *Was ist deutsch? Die Unvermeidlichkeit, eine Nation zu sein,* Asendorf 1988.
17. Kluckhohn, Paul (Hrsg.): *Die Idee des Volkes im Schrifttum der Deutschen Bewegung, Literarhistorische Bibliothek,* Bd 13, Berlin 1934.
18. Krockow, Christian Graf von: *Nationalismus als deutsches Problem,* München 21974.
19. Mayer, Tilman: *Prinzip Nation. Dimensionen der nationalen Frage am Beispiel Deutschlands,* Opladen 1987.
20. Meinecke, Friedrich: *Weltbürgertum und Nationalstaat* [1907], Werke, Bd 5, München 1962, S. 13f.
21. See, Klaus von: *Barbar – Germane – Arier. Die Suche nach der Identität der Deutschen,* Heidelberg 1994.
22. Schieder, Theodor: *Das deutsche Kaiserreich von 1871 als Nationalstaat,* Köln und Opladen 1961.
23. Schulze, Hagen: *Gibt es überhaupt eine deutsche Geschichte?,* Berlin 1989.
24. ders.: *Kleine deutsche Geschichte,* München 1996.
25. Srbik, Heinrich von: *Deutsche Einheit,* 4 Bde, München 1935 – 1942.
26. Thomas, Heinz: Der Ursprung des Wortes theodiscus, in: *Historische Zeitschrift* 247 (1988), S. 295 – 331.
27. Venohr, Wolfgang (Hrsg.): *Die deutsche Einheit kommt bestimmt,* Bergisch Gladbach 1982.
28. Wagner, Joachim: Außerungen deutschen Nationalgefühls am Ausgang des Mittelalters, in: *Deutsche Vierteljahres-*

schrift für Literaturwissenschaft und Geistesgeschichte 9 (1931), S. 389 – 424.

29. Willms, Bernard: *Die deutsche Nation. Theorie – Lage – Zukunft*, Köln-Lövenich 1982.

30. ders.: *Idealismus und Nation. Zur Rekonstruktion des politischen Selbstbewußtseins der Deutschen, Philosophische Positionen*, Bd 3, Paderborn, München, Wien und Zürich 1986.

31. Wiltschegg, Walter: *Österreich – der »zweite deutsche Staat«. Der nationale Gedanke in der Ersten Republik*, Graz und Stuttgart 1992, S. 43.

Erik Lehnert, Wiggo Mann

Das andere Deutschland. Neun Typen

152 Seiten, Broschur, 16 €
Schnellroda 2017
ISBN: 978-3-944422-97-8

Das andere Deutschland: Lehnert und Mann lassen neun Typen dieser Gegenkultur aufmarschieren – nicht in militärischer Formation, sondern als ziviles Widerstandsmilieu. Der Konservative, der Aktionist, der Aussteiger, der Wutbürger, der »Heizer auf der Titanic«: kräftige Lebensentwürfe, skurrile neben staatstragenden Figuren, und hinter der Lektüre steht natürlich stets die Frage: Welcher Typ bist Du?
Mit dieser Selbsterkenntnis wächst übrigens der Bekennermut. Warum? Ganz einfach: Schau Dich um – wir sind viele!

Verlag Antaios

Rittergut Schnellroda · 06268 Steigra
Tel: (034632) 90 43 96 · Fax: (034632) 90 43 97 · e-Post: vertrieb@antaios.de
www.antaios.de